Lyotard zur Einführung

Walter Reese-Schäfer

Lyotard zur Einführung

JUNIUS

Junius Verlag GmbH
Stresemannstraße 375
22761 Hamburg
www.junius-verlag.de

Umschlaggestaltung: Florian Zietz
Titelbild: Bracha L. Ettinger/CC BY-SA 2.5
Satz: Junius Verlag GmbH
Printed in the EU 2024
ISBN 978-3-88506-913-3
5. Auflage 2024

Bibliografische Information der Deutschen Nationalbibliothek
Die Deutsche Nationalbibliothek verzeichnet diese Publikation in der Deutschen Nationalbibliografie; detaillierte bibliografische Daten sind im Internet über http://dnb.dnb.de abrufbar.

Inhalt

Einleitung

»Während der letzten ein bis zwei Jahrzehnte sind, wenn ich nur an gesellschaftstheoretische Zeitdiagnosen denke, von Paris mehr produktive Anstöße ausgegangen als von irgendeinem anderen Ort.« Das schrieb Jürgen Habermas 1984.[1]

Der Anstoß, den Jean-François Lyotard gegeben hat und durch den er international bekannt wurde, war die Einführung des Begriffs »postmodern« in die philosophische Diskussion. Das geschah 1979 in *La condition postmoderne (Das postmoderne Wissen)*, einem Buch, das er als Gutachten für den Universitätsrat der Regionalregierung von Québec erarbeitet hatte. Es ging um die Universitäts- und Wissenschaftsplanung unter der Einwirkung neuer und neuester Informationstechnologien. Lyotard hat den Begriff »postmodern« in den folgen Jahren auch auf die Malerei und andere Bereiche der Kunst angewandt und schließlich 1983 in seinem Hauptwerk *Le Différend (Der Widerstreit)* eine an Immanuel Kant anknüpfende Entwicklung der Grundlagen seiner Philosophie des Dissenses vorgelegt. »Lyotard ist *der* Autor eines philosophischen Postmodernismus. Kein anderer hat vergleichbar früh, vergleichbar präzis und ähnlich explizit ein Konzept von postmoderner Philosophie entwickelt.«[2] Diese Wertung gibt Wolfgang Welsch, ein deutscher Verfechter postmodernen Denkens.

In wenigen Worten lässt sich Lyotards Konzept so umreißen: Charakteristisch für die Moderne (=Neuzeit) ist ein Totalitätsdenken, das Züge eines gefährlichen Despotismus in sich trägt und das aus verschiedenen Gründen als gescheitert betrachtet werden muss. An seine Stelle tritt heute eine Vielfalt verschiedener Haltungen und Denkansätze. Solche Ansätze haben die Kunstavantgarden des 20. Jahrhunderts schon ausprobiert. Hier gilt es anzuknüpfen. Lyotards Begriff von Postmoderne schließt also die ästhetische Moderne ein. Eine solche Begriffsbestimmung ist nicht ganz einfach nachzuvollziehen, weil sie deutlich vom spontanen, unmittelbaren Verständnis der Vorsilbe *»post-«* als *»nach-«* oder *»anti-«* abweicht. Damit haben viele Lyotard-Leser und Leserinnen denn auch ihre Probleme. Ich hoffe, dass Kapitel 5 der vorliegenden Einführung in diesem Punkt die größtmögliche Klarheit schaffen kann.

Der kühle und konstatierende Ton des *Postmodernen Wissens* hat außerdem viele Kritikerinnen und Leser zu dem Fehlschluss verleitet, Lyotard verherrliche die neuen Computertechnologien und Datenbanksysteme und identifiziere sich mit ihnen. Es sei also wieder ein ehemaliger Linker verräterisch ins andere Lager übergelaufen. Ich werde zu zeigen versuchen, dass dies eines jener Probleme ist, die bei ungenauer Lektüre entstehen. Hier nur so viel: Bei einem (notwendig auftretenden) Widerstreit von Diskursen müssen die Rechte der potentiell oder real Unterlegenen gewahrt werden. Lyotards Konzept ist gegen jegliche Dominanz eines einheitlichen Prinzips gerichtet, sei es der »Techno-Wissenschaft« (wie er sie kritisierend nennt), sei es das des Kapitals, das beginnt, sich auch die Sprache als Ware anzueignen, indem es diese im computergeeignete Informationsquanten verwandelt. Lyotards Grundintention ist antitotalitär. Eine Idee von Gerechtigkeit steht dahinter, die den Widerstreit ermöglicht, aber Übergriffe einer Diskursart in andere Bereiche verhindert.

Die hier vorliegende Darstellung wird sich auf Lyotards Philosophie seit 1979, mit der er weltweite Beachtung fand, konzentrieren, also auf *Das postmoderne Wissen* (deutsch 1986, zuerst in einer Zeitschrift 1982), *Der Widerstreit* (deutsch 1987), *Postmoderne für Kinder* (deutsch 1987).

Lyotards frühere Arbeiten werden in dieser Perspektive zu einer Vorgeschichte, die noch eine Menge Entdeckungen birgt für diejenigen, die eine Philosophie am besten verstehen, wenn sie ihre Entstehungsgeschichte nachvollziehen. Oftmals ist das eine hilfreiche Vorgehensweise. In diesem Band wird eine andere Herangehensweise gewählt: Der ausgereifte Endstand von Lyotards Denken soll dargestellt, erklärt und diskutiert werden. Aus dieser heutigen Perspektive wird auf seine Entwicklung vom Mitarbeiter der Zeitschrift *Socialisme ou Barbarie* zum Theoretiker der Ökonomie des Wunsches nur im Überblick, aber mit einigen neuartigen Interpretationsansätzen eingegangen. Das entspricht Lyotards Selbstverständnis am besten, setzt er doch seit Ende der 1970er Jahre auf rationale Analysen statt auf das Erzählen von Geschichten.

Im letzten Abschnitt dieser Einführung wird Lyotards deutsche Rezeption behandelt, vor allem der Streit mit Jürgen Habermas. In Deutschland erwartet man von neuen französischen Philosophen entweder Reaktionäres oder Chaotisches. »Derridada und Lacancan«, so nennt Klaus Laermann das im *Kursbuch*, einen an französischen Universitäten kursierenden Scherz aufgreifend.[3] Manfred Frank spricht gar von einer »Verwahrlosung« und meint Texte von Baudrillard, vom späten Deleuze »und ›Denkern‹ ähnlich überstürzter Gangart«[4].

Lyotard ist dagegen seit dem *Postmodernen Wissen* ein ausgesprochen klar und deutlich (*»clair et distinct«*, heißt es bei Descartes, und das ja ist die französische Tradition), geradezu hyperrationalistisch argumentierender, aufklärerischer Theoretiker, der sich zum Erstaunen vieler seiner Kritiker an wichtigen Überlegungen Immanuel Kants orientiert – übrigens nicht grundsätzlich anders als Michel Foucault in seinen letzten Texten.[5] »Lyotards Denken ist ersichtlich weder vernunftfeindlich noch irrational, noch subjektphilosophisch, noch neokonservativ. Setzte man mit ihm sich auseinander, könnte man am Ende zu einem Umdenken über die Postmoderne genötigt werden.«[6]

Dies ist nicht das Buch eines glühenden Lyotard-Anhängers. Die angemessene Form, einem Philosophen gegenüber Respekt zu zeigen, ist meiner Meinung nach die kritische Diskussion seiner Kerngedanken. Lyotard sucht nach Widersprüchen, nicht nach Lösungen – übrigens ganz ähnlich, wie es Wittgenstein in § 125 seiner *Philosophischen Untersuchungen* für die Mathematik formuliert: »Es ist nicht Sache der Philosophie, den Widerspruch durch eine mathematische, logisch-mathematische, Entdeckung zu lösen. Sondern den Zustand der Mathematik, der uns beunruhigt, den Zustand *vor* der Lösung des Widerspruchs, unübersehbar zu machen.« Das irritiert alle Antwortgeber, die Paradoxien und Paralogismen nur brauchen, um ihre immer schon fertigen Lösungen auf den Markt bringen zu können. Lyotards radikales Weiterfragen zielt auf die wichtigsten Problemstellungen der gegenwärtigen Philosophie. Von einem konsequent durchgehaltenen Gegenwartsstandpunkt aus setzt er sich mit Theoretikern von Aristoteles bis Lévinas auf eine Weise auseinander, die weit über jede bloß nachvollziehende Interpretation hinausgeht. Das macht den *Widerstreit* zu einem der philosophisch aufregendsten Bücher nach dem Untergang des Marxismus.

Lyotard hat sich bemüht, im *Widerstreit* »einen stilistischen Nullpunkt zu erreichen«[7]; er meint damit den Verzicht auf Ornamente und rhetorische Umwege. Er erreicht einen auch in Frankreich seltenen klaren Schliff des Stils, eine Übersichtlichkeit und Knappheit, die beim Lesen den Eindruck erweckt, der Text enthalte tatsächlich kein Wort zu viel. Ein »leichter« oder gar populärer Autor ist Lyotard allerdings nicht.

Willem van Reijen und Dick Veermann haben am 20. Juni 1987 ein ausführliches Gespräch mit Lyotard geführt, das im zweiten Teil dieses Bandes abgedruckt ist. Lyotards Kant-Anknüpfung, seine Haltung zu Jacques Derrida, seine Differenz mit Karl-Otto Apel und seine Sicht der Diskussion mit Richard Rorty werden dort sehr präzise herausgearbeitet. Anders als bei den üblichen journalistischen Frage- und Antwortspielen kann man hier auch einen Eindruck von Lyotards diskursivem Stil gewinnen.

1. Zu Lyotards Biographie

Jean-François Lyotard wurde 1924 in Versailles geboren. Er hat an der Sorbonne Philosophie studiert und war zunächst von der Phänomenologie Edmund Husserls beeinflusst. Er hat damals eine sehr knappe und übersichtliche Darstellung *La Phénomenologie* geschrieben, die noch heute an französischen Universitäten als eine der besten zum Thema empfohlen wird und 1993 im Junius Verlag auf Deutsch erschienen ist.

Kurz vor Beginn des Algerienkriegs war er 1950-52 als junger Dozent in Contantine/Algerien tätig. Anschließend wurde er Gymnasiallehrer – nicht anders als Jean-Paul Sartre in den 1930er Jahren. Unter dem Eindruck der algerischen Erfahrungen fand sein Politisierungsprozess statt. Er entwickelte sich zum undogmatischen Marxisten, engagierte sich aber zunächst in der kommunistisch geprägten Gewerkschaft CGT. Im Jahre 1954 wurde er Mitglied der linksradikalen Gruppe[8] um die Zeitschrift *Socialisme ou Barbarie* (Sozialismus oder Barbarei), die von 1949 bis 1966 in Frankreich erschien. Gründer und prägende Mitglieder dieser Gruppe waren Cornelius Castoriadis[9] und Claude Lefort[10]. *Socialisme ou Barbarie* war ebenso antistalinistisch wie antikapitalistisch, stand aber auch den Trotzkisten und personenkultischen Tendenzen im Maoismus kritisch gegenüber. Die Gruppe hatte etwa sechzig Mitglieder. Einige von Cornelius Castoriadis' Aufsätzen aus jener Zeit sind unter dem Titel *Sozialismus oder Barbarei* auch in Deutschland veröffentlicht worden.

Lyotard hat in dieser Zeitschrift zwischen 1955 und 1963 nur dreizehn Texte veröffentlicht, die sich, zum Teil unter dem Pseudonym François Laborde, bis auf einen mit dem Algerienkonflikt beschäftigen. Er war sozusagen der Algerienspezialist. Die kleine Gruppe war in den 1950er und 1960er Jahren, als die PCF (Parti communiste français) die französische Linke dominierte und die Sozialisten zum Kolonialkrieg in Algerien eine mehr als dubiose Position einnahmen, etwas völlig Ungewöhnliches: eine Gruppe, die offenbar die Fehler der französischen Linken nicht mitmachte. Lyotard warnt aber davor, nun einen Mythos um sie zu bilden, denn man konnte noch beliebig viele andere und neue Fehler machen.

Ab 1959 entwickelte sich in der Gruppe eine Grundsatzdiskussion, die schließlich zur Spaltung und Auflösung führte. Castoriadis bezweifelte, dass sich die Gesellschaft seiner Zeit mit den marxistischen Begriffen angemessen begreifen und eine kritische Praxis begründen ließe. In *Marxismus und revolutionäre Theorie* trug er eine fundamentale Marxismuskritik vor.[11] Ein Teil der Gruppe aber wollte die Idee vom Konflikt, vom »Widerspruch« nicht fallenlassen. Sie gründete 1964 die Zeitschrift *Pouvoir ouvrier* (Arbeitermacht). Der verbliebene Kern der Gruppe um Castoriadis gab bis zur Einstellung 1966 weiterhin die Zeitschrift *Socialisme ou Barbarie* heraus.

Obwohl Lyotard mit Castoriadis' Ideen sympathisierte, schloss er sich der anderen, eher traditionellen Gruppierung an – wohl mehr aus Freundschaft zu dem Historiker Pierre Souyri als aus politischen Gründen. 1966 trat Lyotard aus dieser Gruppe aus: »Eine Periode meines Lebens war beendet, ich verließ den Dienst der Revolution, ich machte etwas anderes, ich hatte meine Haut gerettet.«[12] Freundschaften zerbrachen, für Lyotard folgten Jahre der krisenhaften Selbstreflexion. Lediglich während der Revolte von 1968 wurde er noch einmal für kurze Zeit politisch aktiv: In Daniel Cohn-Bendits *Bewegung vom 22. März.* Sein Problem blieb aber weiterhin: »Wie soll man sich heute zur Politik verhalten?«[13]

1971 erlangte der das »Doctorat d'état« (vergleichbar unserer Habilitation) mit dem Band *Discours, figure* und lehrte zunächst an der Universität Nanterre, dann in Paris VIII (Vincennes in Saint-Denis). Er war zusammen mit Jacques Derrida Mitbegründer und zeitweiliger Leiter des *Collège international de philosophie.* Im Sommer 1987 wurde er emeritiert und lehrte als Gastprofessor an verschiedenen internationalen Universitäten. Er starb am 21. April 1998 in Paris an Leukämie.

2. Die Vorgeschichte des »Postmodernen Wissens«

Nur weil es so üblich ist, eins nach dem anderen darzustellen, steht dieses Kapitel *vor* der Beschäftigung mit Lyotards Hauptwerken, dem *Postmodernen Wissen* und dem *Widerstreit*. Wer hauptsächlich an jenen Texten interessiert ist, sollte es zunächst überschlagen. Im Rückgang von Lyotards späteren Positionen ist es vermutlich ergiebiger.

2.1. Libidoökonomie

Lyotards *Economie libidinale (Ökonomie des Wunsches)* ist 1974 in Paris erschienen. Die deutsche Übersetzung folgte erst zehn Jahre später. Das Buch hat in beiden Ländern nur sehr wenige Leser gefunden. Es gehört zu einer Phase in Lyotards Denken, die er selbst als sein »Fegefeuer« bezeichnet hat.[14] Es hat Ähnlichkeiten mit dem *Anti-Ödipus* von Gilles Deleuze und Felix Guattari. Eine gewisse Kontinuität der Intentionen zum späteren Werk Lyotards ist durchaus sichtbar, wenn er etwa fordert: »Kämpfen wir also gegen den weißen Terror der Wahrheit, mit und für die rote Grausamkeit der Singularitäten.«[15] Die Sprache ist jedoch, wie an dieser Stelle zu sehen, exaltiert und überreizt. Er spricht für »Leute wie uns, deren Diskurs keinen Anspruch auf Konsistenz erhebt.«[16] Damit steht dieses Buch jenseits eines theoretischen Diskurses. Es kann eigentlich nur als Expression, als Ausdruck einer tiefen persönlichen Krise begriffen werden. Im letzten Kapitel der *Economie Libidinale* (»Libidinöse Ökonomie« oder »Ökonomie des Begehrens« wären vielleicht aussagekräftigere deutsche Titel als Ökonomie des Wunsches) fragt Lyotard, was dieses Buch eigentlich sei:

»Ein Wettlauf mit dem Tod, mit der Nacht des Wahnsinns, die sich herabsenken wird? Aber nein, diese schwerfällige, allzu abendländische Dramatisierungsweise lohnt sich nicht; wer sollte denn davonlaufen, wenn er von der Unordnung bedroht ist? Das Ich, der Handlanger, der Träger. Die Eile, die wir meinen, ist nicht die schützende, narzisstische Flucht, sondern vielmehr die Eile, die einen den schrecklichen Energiestrahlen *entgegen* treibt, die die Linien der Schrift, den Gang des Denkens, das Sehen versperren wollen; dagegen anrennen, die Triebe auf frischer Tat ertappen, die Worte, die sie brauchen, im Flug mitnehmen, stehlen, sich zu multiplen, leidenden, multidirektiven, polymorphen, freien Flächen-Körpern machen. [...] Wir haben durchaus nicht den Ehrgeiz, wahnsinnig zu werden. Die Rolle des Wahnsinnigen zu übernehmen ist das Widerwärtigste [...]. Keinen Ehrgeiz also, sondern eine Suche nach Wahnsinn. Aber auch hier muss man noch aufpassen; wir suchen ihn nicht wie etwas, das unser Besitz wäre und das irgendeine bösartige Instanz uns enteignet hätte, wie irgendein Wesen, das uns gehören würde und das auf der Flucht wäre – so wie elende Eltern ihre flüchtigen Kinder suchen, die sie aber zu suchen vergessen, während sie sie zu haben glauben. Der Wahnsinn ist kein Gut, kein Besitz, und wir finden es grässlich, wenn man ruft: Es lebe der Wahnsinn! Der Wahnsinn ist keine Eroberung der individuellen Singularität. Er ist das Unerträgliche der Intensität. Den Wahnsinn zu suchen würde bedeuten, dass man aus sich, aus seinem Körper, in diesem Fall aus der Sprache einen durchlässigen Leiter für das Unerträgliche macht.«[17]

Wer solche Textstellen liest, findet in ihnen keine Theorie, sondern tiefe Verzweiflung. Lyotard hat das aus späterer Sicht in seinem Gespräch mit Willem van Reijen und Dick Veermann (abgedruckt am Schluss dieser Einführung) sehr klar ausgesprochen:

»Die *Economie libidinale* ist ein verzweifeltes Buch. Man kann es nur verstehen und ertragen auf dem Hintergrund der Krise, die ich damals durchgemacht habe.«

Diese Krise ist natürlich die Krise des Marxismus, die Krise der Auflösung der Gruppe *Socialisme ou Barbarie*, die Krise seiner Abwendung von dem Versuch, eine strenge linksmoralisierende Politik zu betreiben. Gegen eine solche Politik richtete sich schließlich Lyotards Wut, ihr galt seine »Flucht in die libidinöse Ökonomie«[18] – so seine eigene Formulierung. Auf sie versuchte er, nach Wut und Hass, mit einem befreiten, aber doch noch gequälten und gezwungenen Lachen zu reagieren. Das Buch ist also ein Befreiungsversuch. Es ist ein Ausdruck der chaotischen biographischen Geburtsbedingungen von Lyotards heutigem Denken und insofern allenfalls von biographischem Interesse; denn alles, was in ihm an Weiterführendem angedeutet wurde, ist im *Widerstreit* überhaupt erst mit Argumenten vorgetragen worden. Möglicherweise ist das Buch zusätzlich noch ein interessantes Dokument für solche Leserinnen und Leser, die einen eigenen Ablösungsprozess aus einer sektenhaften Gruppe mit libidoökonomischen Kategorien aufarbeiten möchten. Viel Glück dabei! Man kann auf diese Weise weltberühmt werden.

Die sehr späte Veröffentlichung in Deutschland haben drei Mitarbeiter eines Forschungsprojekts »Zum Verhältnis von Affekt, Libido und Sinn« des *Wissenschaftlichen Zentrums für Psychoanalyse* an der Gesamthochschule Kassel betrieben, nämlich Gabriele Ricke, Georg Christoph Tholen und Ronald Voullié. In ihrem Vorwort fassen sie das Buch so zusammen: »Lyotard will zeigen, dass im Kapital, in der Sprache und in der Wissenschaft ebenso wie in der Kunst und Erotik lustvolle Intensitäten am Werke sind.«[19] Das ist eine freundliche und ziemlich verharmlosende Deutung. Die Herausgeber sind über die dunklen, die krisenhaften, die Nachtseiten des Buches, den Rand des Wahnsinns, der dort erreicht wird, hinweggegangen, obwohl schon die allererste Seite von Lyotards Text mit dem Aufschneiden der Haut, mit dem Sezieren des Körpers beginnt. Erotik meint hier durchaus im Sinne von Georges Bataille auch die bedrohlichen, zerstörerischen, Verletzung und Tod bringenden Seiten. Batailles *Madame Edwarda*, die Lyotard an mehreren Stellen zitiert, geht ja wirklich bis ans Ende der schmerzhaften Ekstase, an den Rand des Todes, der Vernichtung.[20] Es sind keineswegs nur die lustvollen, sondern gerade auch die schwarzen, bedrohlichen Regionen der Psyche, die Lyotard hier offenlegt. Der Text ist eine schonungslose Selbstentblößung, die aber trotzdem als theoretischer Text über ein Thema auftritt, nicht als autobiographische Reflexion, wie es eigentlich angemessen gewesen war. Die erforderlichen sprachlichen Ausdrucksmöglichkeiten hierfür enthält es.

2.2. Auseinandersetzung mit den »Neuen Philosophen«

Im Frühjahr und Sommer 1977 erregten die sogenannten *Neuen Philosophen* großes Aufsehen – auch diesseits der französischen Grenze. Vor allem André Glucksmann und Bernard-Henri Lévy trugen eine radikale Marxismuskritik vor, die umso mehr Beachtung fand, als sich die Kommunisten und Sozialisten für die Wahlen zur Nationalversammlung im März 1978 mit ihrem *Gemeinsamen Programm* zunächst gute Chancen ausrechneten. Es schien so, als ob die Intellektuellen sich von der marxistisch geprägten Linken in dem Moment abwandten, als diese kurz vor der Machtübernahme stand. Bekanntlich zerstritt sich die Linke dann doch, verlor die Wahl und geriet 1981 mit dem Wahlsieg von François Mitterand in ganz neue Situationen und Krisen.

Dogmatische Marxisten zogen sofort ihre Totschlagsargumente gegen die *Neuen Philosophen* hervor: Jeder, der die Linke kritisiert, stehe rechts. Sie sahen schon eine neue Rechte im Entstehen.

Heute wissen wir, dass das alles so aufregend nicht war. Es war keine *Neue Philosophie* entstanden, dafür waren die Ausgangspunkte Glucksmanns, Lévys und der anderen zu unterschiedlich. Die philosophische Substanz reichte wohl auch nicht. Glucksmann entwickelte sich zu einem Verfechter der Menschenrechte und Kritiker der Friedensbewegung im Geiste des realpolitischen Denkens Raymond Arons, das ihn stärker geprägt hatte als seine maoistische Phase; für Lévy rückten die religiösen Quellen seines Denkens immer mehr in den Vordergrund. Die anderen sind heute so gut wie vergessen. Die *Nouvelle Philosophie* war eine vorübergehende Konstellation, ein blitzschnelles marktbewusstes Ausnutzen eines günstigen Moments durch eine Gruppe, deren Vertreter sich in den Medien gegenseitig hochlobten. Ihr wichtigstes Mitglied, Lévy, hatte den nötigen Zugang.

Lyotard stand all dem sehr differenzierend gegenüber. In den *Instructions païennes* (Heidnische Unterweisungen) macht er sich auf satirische Weise lustig über »Glucky, Clavy, Benny«, die alle ein Buch schreiben, das Lévy herausbringt, und dann jeweils das Buch des anderen kommentieren. Wenn die Leute darüber lachen, umso besser, das fördert den Verkauf.[21] Inhaltlich fand Lyotard diese Texte uninteressant: »Ich stimme mit fast keiner einzigen ihrer Thesen überein, die im Allgemeinen von beleidigender Albernheit sind.«[22]

Eine Analyse lohnt sich allein unter zwei Aspekten: *Erstens* dringt die Vermarktung in Bereiche vor, die der gute Ton bisher davor geschützt hatte. Das ist ein ambivalenter Prozess: »Viel Annehmliches ist uns seit der industriellen Revolution in Gestalt von Waren gebracht worden, weshalb nicht auch Ideen?«[23] *Zweitens* kann man die *Neuen Philosophen* auffassen als ein Anzeichen dafür, dass die französische Intelligenz sich nicht mehr von der »marxistischen Erzählung über die Geschichte und die Politik« einschüchtern ließ.[24]

Stattdessen kommt es darauf an, eine Vielfalt kleiner Erzählungen zu verbreiten. Das ist Lyotards Rezept dieser Jahre: Die Erzählungen der Ungläubigen, der ersten Stalinismuskritiker, die Erzählungen über den Arbeiteraufstand 1953 in Berlin, über die ungarische Räterepublik von 1956, über den *Prager Frühling* 1968, aber auch über den Matrosenaufstand von Kronstadt 1921. Dies ist übrigens Lyotards positive Anknüpfung an die Zeit von *Socialisme ou Barbarie*, wo ja versucht worden war, all diese von den Parteikommunisten gewaltsam aus den Diskursen verdrängten und diffamierten Ereignisse für die Linke hörbar zu machen.

Seine politischen Gedanken dieser Jahre beziehen sich auf eine Politik der *kleinen Erzählungen*, seine Perspektive ist die der Minderheiten. Er stellt sich ein großes »Patchwork« aus lauter minoritären Einzelgruppen vor[25], eine Art Politik ohne Anführer, ohne großes Ziel, in der sich Frauen, Homosexuelle, Gastarbeiter, alle Minderheiten und sogenannten Randgruppen artikulieren; wo zentralistische Konzepte nicht mehr akzeptiert werden.

In dem Aufsatz »Ein Einsatz in den Kämpfen der Frauen« bekennt sich Lyotard ausdrücklich zur Emanzipation und trägt in diesem Zusammenhang eine Fundamentalkritik der bisherigen Philosophie vor. Ein Denken, das an eine Metasprache, einen übergeordneten, letztlich maßgeblichen Diskurs glaubt, etabliert damit die Herrschaftssprache der »abendländischen, insbesondere der griechischen Männlichkeit.«[26] »Die Aktivität, die sich die Männer *de facto* vorbehalten, setzt sich als *Recht*, den Sinn zu geben.«[27] Die Männer sind selbst nur eine Minderheit in einem Patchwork und haben kein Recht, eine höhere Ordnung als gültig zu etablieren und festzusetzen.

Die Vorherrschaft eines Diskurses, die *Einheit* verfällt – eine Entwicklung, die Lyotard konstatiert und durch seine Analysen in gewisser Weise auch vorantreibt. Er warnt aber davor, hier ein neues Glück, eine neue Gleichheit zu erwarten. »Etwas Ähnliches gibt es zum Beispiel schon im soziokulturellen Raum Amerikas, und die Koexistenz der vielen Minderheiten ist dort nicht gerade paradiesisch.«[28] Es kommt darauf an, immer von Neuem einen *modus vivendi* zu finden, irgendeinen Notbehelf, es doch auszuhalten. Lyotard lehnt jeden Universalitätsanspruch ab, egal, ob er vom Staat, den Arbeitgebern, den Gewerkschaften oder der Partei erhoben wird. Es gibt nur noch die verschiedenen Perspektiven der Minderheiten.

Diese perspektivische Position ist im Zusammenhang zu sehen mit einer französischen Nietzsche-Rezeption, die in der Resignations- und Frustrationsphase nach dem Mai 1968 zusammen mit einer intensiven Freud-Lektüre eine wichtige Rolle unter den französischen Intellektuellen spielte und auch Lyotard, der ja nach neuen Orientierungen suchte, nicht unbeeinflusst ließ.

Die Politik der Minderheiten entsprach der politischen Situation – in beinahe allen Industrieländern artikulierten sich seit den 1960er Jahren Minderheitengruppen, vielfach angeregt und geprägt durch das Modell der amerikanischen Bürgerrechtsbewegung. Dort wurde das schon Mitte der 1960er Jahre als *Rainbow Coalition* bezeichnet.

Der Lyotard der libidoökonomischen Phase macht allerdings etwas ganz Anderes daraus:

»Viel wichtiger als der politische Linksradikalismus, viel enger mit einer Politik der Intensitäten verbunden: eine ungeheure unterirdische Bewegung, noch zögernd, eher noch eine Unruhe. Sie *entzieht* dem Wertgesetz die Affekte. Bremsen der Produktion, Konsumverweigerung,

›Arbeits‹-verweigerungen, (illusorische?) Kommunen, Happenings, Bewegungen zur sexuellen Befreiung, Fabrik- und Hausbesetzungen, Entführungen, Produktion von Tönen, Worten, Farben ohne ›Werkintentionen‹. Das sind die ›Menschen der Steigerung‹, die ›Herren‹ von heute: Außenseiter, experimentierende Maler, Popkünstler, Hippies und Yippies, Parasiten, Verrückte, Eingesperrte. Eine Stunde ihres Lebens enthält mehr an *Intensität* (und weniger an Intentionen) als tausend Worte eines Berufsphilosophen. Sie sind Nietzsche viel näher als seine *Leser*.«[29]

Schon aus logischen Gründen muss man diese Formulierungen allerdings selbst wieder perspektivisch lesen: All diese Bewegungen finden statt, die Intensitäten werden empfunden – aber auch ihnen gegenüber ist Unglaube, Skeptizismus angesagt. Als politische Position heben sich solche Gedanken selbst auf, sie sind aber, wie auch die *Economie libidinale,* als Gefühlsausdruck zu werten, als Ausdruck einer Richtung, in die Lyotard denkt. Nachvollziehbar im argumentativen Sinn wird Lyotards politisches Denken erst wieder Ende der 1970er Jahre, als er sich mit dem Problem der Gerechtigkeit zu befassen beginnt.

Die Politik der *»kleinen Erzählungen«* hat er später in Frage gestellt. Sie geraten nämlich nur deshalb nicht in die Glaubwürdigkeitskrise der großen Geschichtsideen, weil sie gar nicht widerspruchsfrei zu sein beanspruchen. Die Volksprosa behauptet jede beliebige Sache so gut wie deren Gegenteil. Der Glaube an die Konsistenz der Volksdichtung gehört zur Romantik. Lyotard führt als Beispiel zwei französische Sprichwörter an: »Tel père, tel fils« und »A père avare, fils prodigue« (»Wie der Vater, so der Sohn« und »Geiziger Vater, verschwenderischer Sohn«).[30] Das ist immer richtig und beweist alles. Entsprechende deutsche Beispiele kann jeder selbst finden.

3. »Das postmoderne Wissen«

Das postmoderne Wissen, Lyotards so sensationell erfolgreiches Buch »über das Wissen in den höchstentwickelten Gesellschaften«[31], war eine Auftragsarbeit für den Universitätsrat der Regierung von Québec, die er 1979 angefertigt hat.

Der Begriff »postmodern« bezeichnet, so wie Lyotard ihn in diesem Buch verwendet, »den Zustand der Kultur nach den Transformationen, welche die Regeln der Spiele der Wissenschaft, der Literatur und der Künste seit dem Ende des 19. Jahrhunderts getroffen haben«[32]. Für das Verständnis des Textes ist es deshalb hilfreich, sich nicht an der Verwendung in der Architektur zu orientieren, sondern »postmodern« als »nach-neuzeitlich« zu übersetzen.

Diese Transformationen beschreibt Lyotard nun, indem er sie in Beziehung setzt zu dem, was er »Krise der Erzählungen« *(crise des récits)* nennt. Wissenschaft steht von Anfang an in einem kritischen Verhältnis zu den Erzählungen. Wenn sie aber den Anspruch hat, etwas »Wahres« zu sagen, muss sie in irgendeiner Weise ihre Spielregeln legitimieren, auf einem Metadiskurs basieren. Wenn dieser Metadiskurs auf eine »große Erzählung« *(grand récit)* zurückgreift, z.B. die Emanzipation des vernünftigen oder arbeitenden Subjekts oder die Entfaltung der Idee, nennt Lyotard ihn modern. Postmodern ist dagegen, extrem vereinfachend gesagt, die Skepsis gegenüber diesen großen Erzählungen der Aufklärung oder der Geschichtsphilosophie.

3.1. Lyotards Methode: Die Sprachspiele

Methodisch bezieht sich Lyotard auf den späten Wittgenstein und die Sprachpragmatik. Man unterscheidet verschiedene Sprachspiele, wie Erzählen, Versprechen, Befehlen usw. Die Sprachspiele haben ihre Regeln nicht in sich selbst, sondern sie werden durch einen expliziten oder impliziten Vertrag zwischen den Spielern konstituiert. Ohne Regeln gibt es kein Spiel, man kann also sagen, dass ein Spielzug oder eine Aussage, die den Regeln nicht entsprechen, auszugrenzen sind.

Lyotard geht an einem Punkt über Wittgenstein hinaus: Er betrachtet Sprache als Kämpfen im Sinne des Spielens. Sie ist auf das Gewinnen ausgerichtet – und eben nicht auf Konsens und Wahrheit. Man spielt nicht unbedingt, um zu gewinnen, aber doch jedenfalls insoweit das Gewinnen das von den Spielregeln vorgegebene Ziel ist, das man natürlich nur innerhalb dieser Regeln anstrebt, das man aber in einem gewissen Sinn anstreben muss, auch wenn man nur spielt, um mitzuspielen. Auch die Freude an neuen Redewendungen, Spielzügen ist ja ein wenig vom Erfolg über einen Gegner, und sei dieser Gegner die etablierte Sprachpraxis, abhängig. Man wird Lyotard nicht richtig verstehen, wenn man diese sehr feinen Unterscheidungen im methodischen Bereich überliest.

3.2. Die Natur des sozialen Bandes: Die postmoderne Perspektive

Man könnte nun die Gesellschaft als funktionierendes Ganzes, wie es etwa die Systemtheorie macht, oder als zweigeteilt und vom Prinzip der Infragestellung beherrscht denken, wie kritische marxistische Strömungen (Frankfurter Schule; Gruppe *Socialisme ou Barbarie*). Beides sind moderne Perspektiven.

Die postmoderne Perspektive ist eine andere. Der soziale Zusammenhang ist in dieser Auffassungsweise ein Sprachspiel; wie überhaupt die Sprachspiele gewissermaßen das Minimum an Beziehungen darstellen, die für das Bestehen der Gesellschaft erforderlich sind.[33]

Lyotard ist kein Anhänger einer Manipulationstheorie. Jeder Sprachpartner ist Teilnehmer an einem wettkampfartigen Sprachspiel: Er macht Spielzüge und Gegenzüge, am besten solche, die unerwartet sind. Deshalb reicht eine bloße Kommunikationstheorie nicht aus. Man braucht eine den Wettstreit in ihre Prämissen einbeziehende Spieltheorie.[34]

Nun könnte man einwenden, die soziale Wirklichkeit sei gar nicht so beweglich, sondern von einer »bürokratischen Arthrose« blockiert. Die Institutionen, sozialen Bewegungen oder auch die Gesellschaft können Sprachspiele blockieren, indem sie festlegen, was man nicht sagen darf. Aber: Die Grenzen, die die Institutionen festlegen, sind selbst nur das vorläufige Resultat und sozusagen das, was in den verschiedenen Sprachspielen auf dem Spiel steht *(enjeu)*, der »Einsatz«. Sie sind verschiebbar.

3.3. Die Delegitimierung

Lyotard unterscheidet zwei große Legitimationserzählungen der Moderne (»Moderne« ist hier, wie gesagt, gleichzusetzen mit Aufklärung plus 19. Jahrhundert):

A. Zweck und Legitimation des Wissens ist die Emanzipation des Menschen (Aufklärung, Kant; heute Konzepte der Selbstverwaltung oder Selbstverwirklichung).

B. Das Wissen ist die Entfaltung einer Idee. Subjekt des Wissens ist nicht das Volk, sondern der spekulative Geist (Humboldt, Hegel).[35]

Diese großen Erzählungen haben ihre Glaubwürdigkeit verloren. Lyotard *konstatiert* das – die Analyse der Ursachen ist seiner Meinung nach immer enttäuschend. Die externen Ursachen schiebt er deshalb kurzerhand beiseite und geht zu den internen über. Sobald man die Spielregeln der empirischen Wissenschaft gegen die großen Legitimationserzählungen kehrt, erscheint die Wissenschaft als Ideologie oder Machtinstrument, als abhängig vom vorwissenschaftlichen Wissen.

Das *spekulative Legitimationsmodell* gerät durch Selbstanwendung des wissenschaftlichen Wahrheitsanspruchs auf diesem Anspruch selbst in eine Krise. Die Entfaltung der Idee, das Leben des Geistes gibt allen Einzelforschungen einen Sinn, weil sie durch diese Vorstellung in eine Gesamtentwicklung eingeordnet werden. Wenn aber das Bewusstsein aufkommt, dass das Leben des Geistes selber nur eine Geschichte unter vielen anderen ist, verschwindet die spekulative Hierarchie der Erkenntnisse. Sie machen »einem immanenten, sozusagen ›flachen‹ Netz von Forschungen Platz, deren jeweilige Grenzen nicht aufhören, sich zu verschieben. Die alten ›Fakultäten‹ zerfallen in Institute und Stiftungen aller Art, die Universitäten verlieren ihre Funktion spekulativer Legitimierung.«[36] Die aus dem humboldtschen Geist gegründete Universität verliert ihre Funktion, sie dient nur noch der Weitergabe des für etabliert gehaltenen Wissens und reproduziert Professoren statt Forscher – genau das ist die Situation, die Nietzsche Ende des 19. Jahrhunderts kritisiert hat.

Das *emanzipatorische Legitimationsmodell* zerfällt, weil das Bewusstsein dafür entsteht, dass aus wissenschaftlichen Beschreibungen keine präskriptiven Aussagen gewonnen werden können. Kants Teilung der Vernunft in ein theoretisches und ein praktisches (moralisches) Sprachspiel führt zu der Einsicht, dass die Wissenschaft das praktische Spiel nicht legitimieren kann; auch nicht das ästhetische – es gibt nämlich mehr als zwei, es gibt sogar eine unbestimmte Zahl von Sprachspielen mit unterschiedlichen Regeln. Damit kann die Wissenschaft natürlich auch nicht die Verbindlichkeit ihrer eigenen Regeln begründen. Es gibt zu all diesen Sprachspielen keine universelle Metasprache; das ist die Konsequenz, die Lyotard aus seiner durch Wittgensteins Sprachspieltheorie angeregten Interpretation der verschiedenen Vernunftvermögen zieht.

Damit ist die Zeit der Erzählungen vorbei, selbst schon die Trauerarbeit über die verlorenen Erzählungen ist durch den Pessimismus der Wiener Generation um 1900 abgeschlossen. Lyotard meint hier Robert Musil, Karl Kraus, Hugo von Hofmannsthal, Adolf Loos, Arnold Schönberg, Hermann Broch, aber auch Ernst Mach und den frühen Wittgenstein.

3.4. Die Forschung und ihre Legitimation durch die Performativität

Wie funktioniert nun, nach dem Ende der großen Erzählungen, in der heutigen Forschung die Legitimation? Die Metasprache, die der Logiker zur Beschreibung einer künstlichen Sprache (Axiomatik) verwendet, ist die natürliche Sprache oder Alltagssprache. Sie ist universell, aber nicht widerspruchsfrei, denn sie lässt die Bildung von Paradoxa zu. Daraus kann man ableiten, dass eine Pluralität formaler und axiomatischer Systeme existiert, die in einer nicht konsistenten universellen Metasprache beschreibbar sind. Ein anderer wichtiger Aspekt: Durch experimentelle Beweisführung wird die Wahrheitsfindung technisiert. »Also kein Beweis, keine Verifizierung von Aussagen und keine Wahrheit ohne Geld. Die wissenschaftlichen Sprachspiele werden Spiele der Reichen werden, wo der Reichste die größte Chance hat, recht zu haben.«[37]

Wissenschaft wird selbst eine Produktivkraft. Allerdings ist diese Unterordnung des Wissensfortschritts unter den der technologischen Investitionen nicht unmittelbar. Eher regiert der Diskurs der Macht, der Performativität. Der Staat und das Unternehmen geben die Legitimationserzählungen idealistischer oder humanistischer Art auf. »Man kauft keine Gelehrten, Techniker und Apparate, um die Wahrheit zu erfahren, sondern um die Macht zu erweitern.«[38]

Kann der Diskurs der Macht Legitimierung hervorbringen? Daran scheint ihn auf den ersten Blick der Unterschied von Gewalt und Recht zu hindern, zwischen dem, was Macht hat, und dem, was wahr ist. In der Terminologie der Sprachspieltheorie sind das getrennte Spiele: wahr/falsch (denotatives Spiel), gerecht/ungerecht (präskriptives Spiel), effizient/ineffizient (technisches Spiel).

Aber: Das massiv in das wissenschaftliche Wissen eingeführte technische Kriterium bleibt nicht ohne Einfluss auf das Kriterium der Wahrheit. Es könnte eine Legitimation durch das Faktum geben. Befehle und Gesetze werden als gerecht betrachtet, weil sie akzeptiert und befolgt werden. Wenn die Realität »Beweise« hervorbringen soll und man mittels der Technik über die Realität verfügt, kann man eben leichter recht haben.[39] Das ist die Legitimierung durch Macht. Wissenschaft und Recht werden durch Leistung, Effizienz, Performativität legitimiert; diese umgekehrt durch Wissenschaft und Recht – wie es ein Regelkreis zu machen scheint.[40] Die Forschungsgelder gehen in die Bereiche, die zur Optimierung des Systems beitragen können. Die anderen sind vom Geldfluss abgeschlossen und dem Untergang geweiht.

3.5. Die postmoderne Wissenschaft als Erforschung der Instabilitäten

Die positivistische »Philosophie« der Effizienz, auf der all das basiert, ist fragwürdig. In Wirklichkeit funktioniert die Pragmatik des postmodernen Wissens nämlich nach anderen als nach Kriterien der Performativität/Effizienz. Die Expansion der Wissenschaft wird gerade durch das Gegenteil hervorgebracht. Am Beweis arbeiten bedeutet, das Gegenbeispiel, das Unbegreifliche, das Paradoxon zu suchen. Die Effizienz wird nicht um ihrer selbst willen angestrebt, sondern sie kommt allenfalls hinzu, wenn die Geldgeber sich endlich für die Sache interessieren.

Bei jeder neuen Hypothese, neuen Aussage, neuen Betrachtung taucht unvermeidlich die Frage der Legitimität auf – die Wissenschaft selbst stellt sie, nicht die Philosophie.[41] Man muss sich die Wissenschaft nicht als positivistisch und zum Halbwissen verdammt vorstellen. Zur postmodernen Wissenschaft gehört der Diskurs über ihre Regeln. Der Legitimationsverlust am Ende des 19. Jahrhunderts war nur eine Episode, von der sich das Wissen durch den Einschluss des Diskurses über die Gültigkeit der als Gesetze geltenden Aussagen erholt hat.

Gödels Theorem (siehe Kap. 4 in diesem Band) ist ein Paradigma dieser Wesensveränderung. Damit muss der Begriff des Systems korrigiert werden. Die Gesellschaft funktioniert nicht wie ein stabiles System, bei dem man den Output abhängig vom Input kalkulieren kann. Es gibt nur Inseln des Determinismus innerhalb eines katastrophischen Antagonismus, der im eigentlichen Sinn die allgemeine Regel ist. Die postmoderne Wissenschaft ist diskontinuierlich, katastrophisch, nicht nachprüfbar im klassischen Sinne, paradox. Das hierzu passende Legitimationsmodell ist nicht das der besten Performanz, sondern das der als *Paralogie* (=Nebenvernünftiges) verstandenen Differenz.

An dieser Stelle sind nun einige Erläuterungen zum Begriff *Paralogie* nötig. »Paralogie« ist mit dem Begriff »Paralogismus«(=-Fehlschluss) verwandt; man könnte aber sagen, dass er einen bestimmten Aspekt des Paralogismus betont: Was in einem Wissenszusammenhang als Paralogismus oder Paradox galt, kann – eine Pluralität von formalen und axiomatischen Systemen vorausgesetzt – in einem anderen dieser Systeme durchaus Überzeugungskraft haben und die Zustimmung der Expertengemeinschaft finden. Es gibt in Lyotards Denken kein Obersystem.

Auch hier haben wir es also mit einem feinen Unterschied zu tun. Lyotards Aufforderung ist nicht: Begeht Fehlschlüsse, sondern: Konzentriert euch auf die Paralogien, weil die an den Übergängen zwischen den verschiedenen Sprachspielen, oder, wie er später sagen wird, Diskursgenres auftreten. Wenn es keinen verbindlichen Metadiskurs gibt, liegt hier das Thema der Philosophie: nämlich das Denken im Bereich *zwischen* den geregelten Systemen. »Die Philosophie ist ein Diskurs, dessen Regel darin besteht, seine Regel (und die anderer Diskurse) zu finden.«[42]

Damit soll aber auf keinen Fall etwas verharmlost werden. »Paralogie« hat laut Wörterbuch durchaus die Bedeutung »Vernunftwidrigkeit, Widervernünftigkeit«; aber man sollte, wenn man diesen Begriff bei Lyotard liest, möglichst an die gesamte Bedeutungsbreite von »para« denken: »bei, neben, entlang, über...hinaus, gegen, abweichend«. Die Frage, ob es eine Legitimierung durch die Paralogie gibt, ist das Thema des letzten, des abschließenden Kapitels im *Postmodernen Wissen.*

3.6. Die Legitimierung durch die Paralogie

Gibt es eine Legitimierung durch die Paralogie? *Innovation* wird vom System benutzt, um seine Effizienz zu verbessern. *Paralo-*

gie ist grundlegender, sie gehört zur Hervorbringung des Wissens selbst. Die Betonung muss auf den Dissens, nicht auf den Konsens gelegt werden. Es kommt immer jemand, der die Ordnung eines Wissensparadigmas stört. Es gibt eine Macht *(puissance)*, die die Erklärungsfähigkeit immer wieder destabilisiert und neue Normen des Begreifens manifestiert. Dieser Prozess ist nicht regellos (es gibt Klassen von Katastrophen), aber immer nur lokal, nicht allgemein bestimmt. »Entdeckungen« sind daher unvorhersehbar.

Deshalb hat die Systemtheorie mit ihren Legitimationsstrategien im wissenschaftlichen Forschungsprozess keine Grundlage. Die Wissenschaft funktioniert nicht so; und die Gesellschaft kann auch nicht so beschrieben werden. Die Systemtheorie hat ihre Vorteile, sie »verlangt klare Geister und kalte Willen«[43], hat aber ihren Preis: Sie kennt keine von den neuen Technologien unabhängigen Variablen. Daraus resultieren der Hochmut der Entscheidungsträger und ihre Blindheit. Dieser Hochmut bedeutet, dass sie sich mit dem als Totalität verstandenen sozialen System identifizieren. In der Wissenschaft ist diese Identifikation aber unmöglich. Dort kann man gerade nicht vorentscheiden, ob eine Forschungsrichtung oder Bestrebung eines Forschers effizient sein wird. Wenn die gelehrten Institutionen einem neuen Spielzug den Mindestkonsens verweigern (ihn nämlich wenigstens anzuhören), weil er die Spielregeln verändert, verhalten sie sich genauso terroristisch wie das von Luhmann beschriebene System. Terror ist die Eliminierung oder Androhung der Eliminierung eines Mitspielers aus dem Sprachspiel. Der Hochmut der Entscheidungsträger, der im Prinzip im wissenschaftlichen Forschungsprozess kein Äquivalent besitzt, reduziert sich auf die Ausübung dieses Terrors.[44]

Wissenschaft stellt gerade das Antimodell des stabilen Systems dar. Jede Aussage ist festzuhalten, sobald sie einen Unterschied zum Bekannten enthält, sobald sie mittels Argumenten und Gegenargumenten diskussionsfähig oder beweisbar ist. Sie ist ein Modell eines »offenen Systems«[45]. Es gibt in ihr keine allgemeine Metasprache. Damit ist die Identifikation mit dem System und letztlich auch der Terror verboten. Wenn es so etwas in der Forschungspraxis doch gibt, dann gehört es der sozioökonomischen, nicht der wissenschaftlichen Pragmatik an. Die einzige Legitimierung, die es im Forschungsprozess letztlich gibt, besteht darin, dass Ideen, neue Aussagen hervorgebracht werden.

Die *soziale Pragmatik* ist viel komplizierter als die wissenschaftliche. Können diese Gedanken trotzdem auf sie übertragen werden? Gibt es in der Politik also vielleicht auch eine Legitimation durch die Paralogie?

Das Performativitätskriterium jedenfalls ist zynisch, und gegen Habermas' Suche nach einem universellen Konsens sprechen zwei Überlegungen: Nicht alle Sprecher werden sich über Regeln oder über eine für alle Sprachspiele universell gültige Metapräskription einigen, denn diese sind vielfältig und haben vielfältige Regeln. Ziel bei Habermas ist der Konsens. Lyotard hält dagegen, dass der Konsens nur ein Zustand der Diskussion und nicht ihr Ziel ist; das ist vielmehr die Paralogie. Habermas muss, um gegen die Systemtheorie argumentieren zu können, auf die Idee zurückgreifen, dass die Menschheit als universelles Subjekt ihre gemeinsame Emanzipation mittels der Regelung in allen Sprachspielen erlaubter Spielzüge anstrebt. Der Diskurs ist das letzte Hindernis für die Theorie des stabilen Systems. Habermas' »Sache ist gut, aber die Argumente sind es nicht«[46]. Der Konsens ist ein veralteter und suspekter Wert. Man muss vielmehr zu einer Idee und Praxis der Gerechtigkeit gelangen.

Ein erster Schritt dazu ist die Anerkennung der Vielgestaltigkeit der Sprachspiele – der Terror nimmt ihre Gleichförmigkeit an und will diese durchsetzen. Der zweite Schritt: Es gibt nur einen lokalen Konsens über Regeln, d.h. er wird nur von den jeweils gerade präsenten Mitspielern erreicht und kann sich auflösen, sobald das Personal wechselt. Im sozialen Bereich ersetzt dementsprechend der zeitweilige Vertrag die permanente Institution, die einstmals die Stabilität über wechselnde Personengruppen hinweg garantieren sollte. Solche zeitweiligen Verträge sind ja heute tatsächlich »in beruflichen, affektiven, sexuellen, kulturellen, familiären und internationalen Bereichen wie in den politischen Angelegenheiten«[47] zu beobachten. Diese Evolution ist zweideutig, ein wenig trägt sie auch zur Systemstabilisierung bei: Es wird flexibler, billiger etc. Es geht also nicht darum, eine »reine« und vollständige Alternative zum System vorzuschlagen. Man muss froh sein, wenn das System die Tendenz zum zeitweiligen Vertrag toleriert.

Die Informatisierung (so heißt in Frankreich die Computerisierung) wirkt sich hier aus: Sie kann entweder das erträumte Kontroll- und Regulierungsinstrument des Marktsystems werden, das zum Wissen selbst erweitert wird und ausschließlich dem Prinzip der Performativität/Effizienz gehorcht. Oder die Computerisierung dient den über die Metadeskriptionen diskutierenden Gruppen, indem sie ihnen Informationen gibt, um in Kenntnis der Sachlage zu entscheiden. In Prinzip ist die zu verfolgende Linie, um die Computerisierung im letzteren Sinn umzulenken, sehr einfach: »Die Öffentlichkeit müsste freien Zugang zu den Speichern und Datenbanken erhalten.«[48] Der Wunsch nach Gerechtigkeit und der nach Unbekanntem könnten dann gleichermaßen respektiert werden, »der Vorrat an Erkenntnissen, der der Vorrat der Sprache an möglichen Aussagen ist, ist unerschöpflich«[49].

Festzuhalten bleibt hier der Gedanke, dass im Unterschied zur Wissenschaft, wo es einen Minimalkonsens geben kann, nämlich jede Idee im Prinzip erst einmal anzuhören, der soziale Bereich zu komplex, zu gegensätzlich für eine solche Haltung ist. Hier ist jeweils nur ein partieller Konsens möglich. Die Computerisierung hilft, ihn auf wichtige Teilbereiche auszudehnen.

Das postmoderne Wissen mündet also in die offene Frage nach einer Theorie der Gerechtigkeit, die sich auf der wissenssoziologischen und wissenschaftstheoretischen Basis dieses Buches nicht beantworten lässt. Hierzu bedürfte es einer viel differenzierteren philosophischen Grundlage, die Lyotard im *Widerstreit* zu entwickeln versucht.

4. Exkurs: Gödels Unvollständigkeitssatz und Lyotards Wissenschaftstheorie

Im dreizehnten Kapitel des *Postmodernen Wissens* sucht Lyotard in der krisenhaften Entwicklung der Grundlagendiskussion von Mathematik und Naturwissenschaften nach Bestätigungen für seine gegen die Vorstellung einer Einheit des Denkens gerichtete Konzeption. Vor allem Kurt Gödels Unvollständigkeitstheorem gehört zum Katechismus postmodernen Denkens. Für die Leserinnen und Leser dieser Einführung dürften deshalb einige Hinweise auf den Zusammenhang und die Einordnung dieses Theorems nützlich sein.

Kurt Gödel hatte 1931 in der *Monatsschrift für Mathematik und Physik* Nr. 38 einen Aufsatz mit dem Titel *Über formal unentscheidbare Sätze der Principia Mathematica und verwandter Systeme* veröffentlicht, in dem er – kurz gesagt – zeigt, dass die Axiome der Arithmetik insofern unvollständig sind, als es arithmetische Aussagen gibt, die für die natürlichen Zahlen wahr, aber nicht aus den Axiomen beweisbar sind. Die Widerspruchsfreiheit eines Systems lässt sich mit dem Mitteln dieses Systems nicht beweisen.

Man kann diesen Gedanken verallgemeinern; dann folgt, dass man grundsätzlich über ein formales System hinausgehen muss in eine Metasprache, die letztlich immer die »natürliche Sprache« oder »Alltagssprache« ist. Sie ist universell, da sich alle anderen Sprachen in sie übersetzen lassen. Sie wirft nur ein wesentliches Problem auf: Sie lässt die Bildung von Paradoxa zu, wie wir in den vorigen beiden Kapiteln gesehen haben. Es gibt also letztlich keine vollständigen, widerspruchsfreien, konsistenten Systeme, weil diese immer wieder in einer inkonsistenten Alltagssprache verankert werden müssen.

Natürlich bringt das die Wissenschaftsentwicklung nicht zum Zusammenbruch. Die Wissenschaften verdanken ihr Regelsystem der Existenz einer Sprache, »deren Funktionsregeln selbst nicht bewiesen werden können, aber Gegenstand eines Konsens der Experten sind« [50] Zumindest teilweise sind diese Regeln Forderungen, Postulate. Sie gehören nicht dem Sprachspiel der Wahrheit an, das die Wissenschaft doch eigentlich begründet, sondern sind moralischer, präskriptiver Art.[51] Diese Überlegungen, die an Gödel und z.T. auch an Alfred Tarski anknüpfen[52], können gar nicht ernst genug genommen werden, folgt aus ihnen doch »eine entscheidende Verschiebung der Idee der Vernunft. Das Prinzip einer universellen Metasprache *(métalangage universel)* ist durch das der Pluralität formaler und axiomatischer Systeme ersetzt.«[53]

Lyotard bestreitet zweierlei: die Einheit der Vernunft und die Einheit der Sprache. Einzelne Sprachspiele sind durchaus in sich konsistent denkbar – nach der übertragenen Anwendung von Gödels Theorem aber letztlich unvollständig, d.h. auf eine (inkonsistente) Metasprache angewiesen. Kann diese Konzeption als Sprachspielrelativismus angesehen werden? Lyotards Argumente wirken in der Tat relativierend auf eindimensionale Wahrheitsansprüche. Aber konsequent relativistisch ist seine Position nicht. Er nimmt diesen Ausdruck auch nicht für sich in Anspruch. Ein zu Ende gedachter Relativismus würde sich selbst aufheben, weil die Formel »alles ist relativ« entweder absolut gilt, also gerade das Gegenteil dessen wäre, was behauptet werden soll, oder auch nur relativ gemeint ist – dann aber müsste der Relativist sich schon geschlagen geben, denn dann wäre einiges relativ, anderes aber nicht. Und mehr, als dass es einiges gibt, was nicht relativ ist, haben Kritiker des Relativismus auch nie behauptet. Ein konsequent relativistisches Denken ist also aporetisch. Nun könnte man sagen: Gut, und da die Alltagssprache tatsächlich Aporien zulässt, hätte Lyotard das relativistische Denken sprachphilosophisch begründet. Das ist eine denkbare Lyotard-Interpretation, die durchaus zulässig sein mag, da er an diesem Punkt einiges offenlässt und anderes nur andeutet.

Ich schlage eine etwas andere Interpretation vor: Die Behauptung, dass die Alltagssprache auch Paralogismen und Paradoxien zulässt, muss immerhin schon gewisse logische Strukturen implizit voraussetzen, vor denen Gedanken oder Schlüsse überhaupt erst als paradox, als unlogisch erscheinen können. Ohne es ausdrücklich zu reflektieren, hält auch Lyotard an der allgemeinen Geltung des Logischen fest. Anders könnte er von Paralogien und Paradoxien gar nicht reden. Dass er sich nun auf die Seite der Paralogie stellt – wenn auch nur zu Innovationszwecken – ist eine Besonderheit seiner Philosophie.

»Modernes« Denken würde sich nach Kräften bemühen, die Paralogien aufzulösen. Postmodernes Denken steuert bewusst auf sie zu. Könnte man sagen, dass Lyotard sie sogar für wünschenswert hält? Manche seiner Überlegungen klingen so. Nun, wünschenswert sind sie sicherlich in dem Sinne, dass sie terroristische Vereinheitlichungsversuche immer wieder gefährden und mit der Auflösung bedrohen. Hier liegt – neben dem logischen – ein zweiter verborgener, impliziter Allgemeinheitsanspruch seines Denkens: Kein Diskurs soll unterdrückt werden. Es soll eine Art Diskursgerechtigkeit gelten. Damit ist in Lyotards Überlegungen auch ein moralischer Anspruch enthalten – wie immer Diskursgerechtigkeit im Einzelnen aussehen mag.

Das Geltenlassen der Vielfalt ist natürlich kein Vereinheitlichungsanspruch – man kann dies Geltenlassen aber überhaupt nur als moralischen Grundsatz postulieren, wenn man sich auf eine reflektierende, also in gewisser Weise höhere Ebene begibt, von der aus man die Vielzahl der Einzeldiskurse überblickt. Ein solcher Diskurs wäre zwar auch nur ein Diskurs neben anderen – aber doch einer mit einem Allgemeinheitsanspruch, weil er nämlich eine Aussage über alle anderen macht. Im Grunde sind es diese verborgenen Allgemeinheiten in Lyotards Denken, von denen aus weitergedacht werden muss. Dann ließen sich eine Logik und eine Ethik denken, die beide im Kern letztlich doch nicht-relativistisch wären.

Lyotards Anknüpfung an Gödels Theorem zeigt, welche Bedrohung dieser zunächst ausschließlich der Mathematik zugehörige Beweis für ein auf Einheit ausgerichtetes Denken darstellt. Ich will aber nicht verschweigen, dass es ernstzunehmende philosophische Einwände gegen allzu weitreichende Folgerungen aus Gödels Unvollständigkeitstheorem und verwandten Konstruktionen gibt. Solche Antinomien entstehen immer dann, wenn sprachliche Systeme selbstbezüglich werden. Es könnte nun aber sein, dass solche Selbstbezüglichkeiten in bestimmten Fällen einfach unvermeidlich und unausweichlich sind, nämlich immer dann, wenn man auf Letztbegründungsfragen zusteuert. Ein Selbstbezug wäre nur dann ein logischer Fehler, wenn er undurchschaut bliebe. Er könnte aber, wenn man seine Notwendigkeit durchschaut, »unbedenklich« sein.[54]

Das gegenwärtig meistdiskutierte Beispiel für die bislang unwiderlegte Durchführung einer solchen Argumentation ist Karl-Otto Apels und Wolfgang Kuhlmanns »reflexive Letztbegründung«, die einen notwendigen Zirkel aufdeckt und zum Kern des eigenen Denkens macht: Vernünftiges Argumentieren ist insofern unhintergehbar, als derjenige, der es bezweifeln will, das seinerseits nur mit vernünftigen Argumenten tun kann. Zugegeben, das ist vielleicht eine zu weit gehende Verknappung des

Kerngedankens; aber wer beginnt, sich in dieses Argument hineinzudenken, wird ohnehin bei Apel und Kuhlmann nachlesen wollen.[55] Mir geht es an dieser Stelle nur um den Hinweis darauf, dass dies der große Gegenpol zu Lyotards Denken in der heutigen philosophischen Diskussion ist. Diese Gegnerschaft wurde von ihm auch so empfunden und ausgetragen. Ich komme im Kapitel 9 über die Grundlagenkrise der modernen Wissenschaften darauf zurück.

Das Letztbegründungsargument kann verstanden werden als ein Weiterdenken von Martin Heideggers Überlegung, bei Fundamentalfragen sei der hermeneutische Zirkel unvermeidlich. Statt ihn ausschließen zu wollen, komme es darauf an, richtig in ihn hineinzuspringen.[56]

Von diesen beiden Polen gegenwärtigen philosophischen Denkens kommt die Minderheits- und Außenseiterposition, wenn es denn so etwas gibt, keineswegs den postmodernen Denkern zu, wie man vielleicht meinen könnte. Im Gegenteil: Die Unmöglichkeit der Letztbegründung erscheint den meisten gegenwärtig lebenden Philosophinnen und Philosophen so sonnenklar und selbstverständlich, dass sie kaum noch darüber nachdenken.[57] Lyotard dramatisiert eigentlich nur die Folgerungen aus weitverbreiteten Einsichten.

Es ist nicht allein Gödels Theorem, das herkömmliche philosophische Gewissheiten und den Glauben an die ständige Vervollkommnung unseres Wissens und unserer Handlungsmöglichkeiten erschüttert. Quantentheorie und Mikrophysik führen zu verwandten Überlegungen. Werner Heisenbergs Unschärferelation ist längst Allgemeingut derartiger Diskussionen.[58] Aber Lyotard kann noch ganz andere Beispiele anführen. Der französische (in Polen geborene, später in Harvard lehrende) Mathematiker Benoît Mandelbrot hat z.B. die »Fraktale« entdeckt, Kurven, die umso komplizierter aussehen, je genauer sie betrachtet werden. Solche geometrischen Objekte können von Computern durch unbegrenzt wiederholbare Operationen erzeugt werden. Nach Mandelbrots Meinung entspricht eine solche fraktale Deutung der Natur viel eher als die Grundmuster der klassischen Geometrie: »Die Natur hat der klassischen Geometrie ein Schnippchen geschlagen. Denn Wolken sind eben keine Kugeln, Berge keine Kegel, Inseln keine Kreise und Baumstämme keine Zylinder. Ebenso bewegt sich ein Blitz nicht auf einer Geraden. Und die Oberfläche des Planeten ist nicht glatt.«[59] Lyotard denkt in diesem Zusammenhang an die Küste der Bretagne oder an die mit Kratern bedeckte Oberfläche des Mondes.[60] Diese Naturphänomene entsprechen annähernd Kurven, die stetige, nicht ableitbare Funktionen wiedergeben und die sich für die Anschauung zwischen Linie und Fläche befinden. Ihre Dimension ist also nicht ganzzahlig, sondern gebrochen; deshalb nennt Mandelbrot sie fraktale (gebrochene) Objekte.[61]

Außer auf Mandelbrot stützt sich Lyotard auf René Thom, der eine mathematische Sprache entwickelt hat, die es erlaubt, sogenannte katastrophische Diskontinuitäten zu klassifizieren. Nach dieser Theorie gibt es nur Inseln des Determinismus in einem allgemeinen Agonismus – der dann in einem gewissen Sinn die übergeordnete Regel wäre.[62]

5. Herkunft des Begriffs und »Beantwortung der Frage: Was ist postmodern?«

Bernard Blistène: »Was ist denn nun die Postmoderne?«
J.-F. Lyotard: »Ich bemühe mich zwar zu verstehen, was sie ist, aber ich weiß es nicht.«[63]

Der Begriff »postmodern«, vereinzelt schon seit etwa 1940 im englischen Sprachraum anzutreffen, hat vor allem in den USA seit 1960 zunehmende Verbreitung in der Literaturkritik gefunden.[64] Er wurde sehr bald auf die Kunstkritik übertragen und 1975 durch Charles Jencks mit durchschlagender Wirkung auch auf die Architektur.[65] Aus einer Reihe von Gründen ist der Begriff unklar und schillernd:

Erstens hängt es von der Definition der »Moderne« ab, was nun unter »postmodern« zu verstehen ist. Man kann »postmodern« als nach-neuzeitlich definieren und den Beginn der Neuzeit ungefähr mit der Entdeckung Amerikas und der kopernikanischen Revolution des europäischen Weltbildes ansetzen. Man kann, wie es in der Literaturwissenschaft nicht ungewöhnlich ist, die Moderne mit der Romantik beginnen lassen oder mit Baudelaire (*Les fleurs du mal*, 1857) oder, wie in der Architektur, mit dem *Bauhaus* in der ersten Hälfte des 20. Jahrhunderts.

Zweitens bezeichnet »postmodern« in den meisten Fällen etwas, das noch im Entstehen ist. Der Begriff lässt sich schon aus diesem Grund nicht verbindlich festlegen. Nach jedem gegebenen Zeitpunkt sind immer mehrere Entwicklungen möglich. Eine Kunstkritik, die hier festlegende Vorgaben machen würde, kann sich eigentlich nur als Dogmatismus blamieren.

Drittens enthält der Begriff »postmodern« einen merkwürdigen inneren Widerspruch. »Modern« bezeichnet ja gerade das Neueste. Wenn man diesen Begriff nun aber wie »Barock« oder

»Expressionismus« historisiert, tut man einem definitorisch-logischen Verständnis von Sprache einigen Zwang an. Eigentlich müsste der Begriff »modern« immer mit der Gegenwart mitlaufen; »postmodern« könnte es dann gar nicht geben. Sprache ist aber auf diese Weise offenbar nicht festzulegen, sie wächst historisch, sie ergibt sich aus den Gegebenheiten, sie kann auch Widersprüche aushalten und Unklarheiten neuer Sinnentwicklungen ausdrücken. Ein rein logisch-definitorisches Sprachverständnis könnte nur eine technische Kunstsprache hervorbringen, die den Phänomenen nicht gewachsen wäre.

Dieses Schillernde des Begriffs »postmodern« ist ein wesentliches Moment der affektiven Ablehnung, auf die er von Anfang an gestoßen ist und bis heute stößt. Verfechter der Postmoderne wie Charles Jencks haben sich, um dieser Kritik die Spitze zu nehmen, um klare und eindeutige Common-sense-Definitionen bemüht. Bei Jencks ist das eng mit seiner am Benutzerstandpunkt orientierten Kritik der klassischen Moderne in der Architektur verbunden: »Die moderne Architektur hatte aufgehört, glaubwürdig zu sein, weil sie weder in der Lage war, eine echte Verständigung mit den Letztbenutzern zustande zu bringen – mein Hauptargument in meinem Buch *Die Sprache der postmodernen Architektur* – noch ihr eine wirkliche Verbindung mit der bestehenden Stadt und ihrer Geschichte gelungen war. In dieser Situation sah ich jedoch eine Lösung – die post-moderne: Eine Architektur nämlich, die professionell fundiert *und* populär zugleich war, die neue Techniken *und* alte Muster integrierte.«[66]

In der Architektur gibt es ein soziales Interesse am Tod des Modernismus.[67] Es resultiert aus:

- Der Zerstörung der Innenstädte und der zunehmenden Unzufriedenheit der Bürger damit.
- Dem unzulänglichen Versuch, soziale Probleme ausschließlich mit technischen Lösungen anzugehen.

- Dem billigen und schlechten Material.
- Den ungegliederten Fassaden und Fluren.
- Der Bunkerähnlichkeit im Parterrebereich von Gebäuden.
- Der Unverständlichkeit der Sprache der modernen Architektur für die meisten Menschen, die damit umgehen sollten.

Charles Jencks bemüht sich, den Begriff »postmodern« als engen, positiv definierten Kampfbegriff durchzusetzen gegen eine Architektur der bizarren Formen, grellen Farben und herausgekehrten High-Tech-Elemente (etwa am Pariser *Centre Pompidou*).[68] Derartige Bauten versteht Jencks als spätmodern, als konsequente Steigerung des Modernismus und seiner Prinzipien. Nicht jeder Bruch mit dem Hochmodernismus soll nach Jencks als postmodern gelten können; denn er will auf den Bruch mit der »Tradition des Neuen« und Neuesten hinaus. Er beabsichtigt eine vollständige Neubesetzung der Kategorien. Dementsprechend ist für ihn das meiste, was von Ihab Hassan, von Jean Baudrillard, Frederic Jameson und auch Lyotard als postmodern bezeichnet wird, in Wirklichkeit spätmodern.

Jencks hält Lyotards Konzeption der Postmoderne schlicht für einen Irrtum, entstanden durch die Verführungskraft der Vorsilbe *»post-«*, durch die Vermengung des Postmodernismus mit dem jeweils Allerneuesten. Deshalb komme Lyotard zu seiner Vorstellung der »ewigen Avantgarde« (dazu Näheres im Kapitel 7 über Lyotards Ästhetik des Erhabenen), des kontinuierlichen Experiments, der ständigen Kunstrevolution. Lyotard würde also an der Innovationsästhetik, einem der Hauptcharakteristika der Moderne, festhalten, statt die Jagd nach dem immer Neuen zugunsten differenzierter, auf mehreren Ebenen verständlicher Formen zu überwinden.

Charles Jencks' Einwände müssen sehr ernst genommen werden. Sein Anspruch allerdings, Lyotards »falscher« eine »richtige« Begriffsdefinition entgegenzusetzen, ist so nicht haltbar, weil es sich dann wiederum nur um eine Dogmatisierung handeln würde. Lyotards Verwendung des Begriffs »postmodern« zielt auf etwas völlig anderes als Jencks', weil er nicht auf eine Periode nach irgendeiner Moderne, wie immer sie definiert sei, hinauswill, sondern auf die kritische Durchdringung der Moderne selbst, mit Mitteln der Philosophie, aber auch der avantgardistischen Kunst, die ja ein extremes Ausspielen von möglichen Realitätsbezügen beinhaltet.

Da der Begriff »postmodern« aber in der Tat die Vorstellung einer historischen Periodisierung weckt, kommt Lyotard selbst zu der Vermutung, er sei »wahrscheinlich ein recht unglücklicher Ausdruck.«[69] Periodisierung selbst ist für Lyotard noch eine »klassische« oder »moderne« Vorstellung. »Postmodern« soll statt dessen einfach einen Gemüts- oder vielmehr Geisteszustand bezeichnen.[70] Es geht also um einen nicht-chronologischen Postmodernebegriff.

Jean-Loup Thébaud berichtet im *Magazine littéraire*[71], dass Lyotard ihm im Vertrauen gesagt habe, er habe das Wort »postmodern« ein wenig wie in einer Laune in die Debatte geworfen. 1985 hat er erklärt, er habe das Wort gewählt, gerade weil es keine besondere Konsistenz zu haben schien – denn es sollte lediglich signalisieren, dass irgendetwas an der Moderne im Verfall begriffen war.[72]

Der Begriff »postmodern« ist sicherlich dem, was Lyotard mitteilen will, eher äußerlich; andererseits hat aber die erstaunliche Karriere dieses Begriffs ihm gezwungen, sich durch Richtigstellungen und Ausdifferenzierungen immer wieder mit diesem Phänomen zu befassen, und so sicherlich auch Lyotards Denken geprägt. Kein Autor kann sich seinen eigenen Leitbegriffen entziehen.

In einem Aufsatz des Bandes *Postmoderne für Kinder*, nämlich dem Text »Notizen über die Bedeutung von *post-*«, hat er sich denn auch mit der gegenwärtigen postmodernen Architektur auseinandergesetzt.[73] Für diese Architektur ist nach Lyotard die Aufgabe des engen Bandes zwischen Bauen und sozialen Fortschrittsideen charakteristisch. Er hält das für problematisch, weil das Präfix »post-«, so verstanden, eine Aufeinanderfolge ausdrückt, die aus einer Art Bekehrung zu einem neuen Denken resultiert. Genau das wäre aber im Grunde eine vollkommen moderne Idee. Das Problem liegt darin, dass die Vergangenheit vergessen und unterdrückt werden soll – aber sich immer wieder wie in zwanghaften Träumen durch Zitate und Wiederholungen Bahn bricht.

Der Fortschritts- und Emanzipationsgedanke ist in den letzten beiden blutigen Jahrhunderten gescheitert, was Lyotard durch Eigennamen, Ortsnamen oder Personennamen zu belegen versucht, z.B. Auschwitz. Auch die Entwicklung der Techno-Wissenschaften kann man nicht mehr einen Fortschritt nennen, weil sie sich aus ihrer eigenen Motorik heraus fortsetzt, nicht aus dem Bedürfnis der Menschen. Der Komplexitätsdruck der Moderne scheint unsere Bedürfnisse nach Sicherheit, Identität und Glück, also unsere unmittelbare Existenz als soziale und lebendige Wesen an den Rand zu drängen. Im Übrigen ist das Projekt der Moderne auch deshalb gescheitert, weil es, obwohl für die gesamte Menschheit gedacht, mindestens die Hälfte vor die Frage des nackten Überlebens stellt (Lyotard meint den Hunger in der Dritten Welt).

Die Aufgabe heißt damit: kritische Suche nach den in der Moderne enthaltenen Voraussetzungen. Die Anbindung an den Fortschritts- und Emanzipationsgedanken will Lyotard im Grunde ersetzen durch die Anbindung an einen Analysegedanken, wobei die Psychoanalyse als Ur-Bild dient – im streng metaphorischen Sinn, weil ihre Methode nicht übernommen wird. Lyotard möchte das »post-« im Wort »postmodern« so verstanden wissen, dass es kein Zurück, keine Wiederholung bedeutet, sondern einen Prozess des »ana« im Sinne von Analyse, Anamnese usw.[74], als Abarbeitung des ursprünglich Vergessenen. Andernfalls sind wir dazu verurteilt, die »modernen Neurosen«, die abendländische Schizophrenie und Paranoia zu wiederholen. In der Architektur wäre das Oberflächlichkeit, bloßes Zitat usw.

Postmoderne, wie Lyotard sie versteht, kommt nicht nach dem Ende des Modernismus, sie bezeichnet vielmehr den Zustand vor dessen Geburt. Er formuliert das in einem Paradox: »Ein Werk ist nur modern, wenn es zuvor postmodern war.«[75]

Dieses Paradox lässt sich so auflösen: Postmodern ist das avantgardistische Experimentieren im Zeitalter seiner Entstehung, wo es gegen Konventionen, gegen Konsens, gegen den Geschmack verstößt. Modern wäre dagegen der Versuch, wieder Einheit, Realismus zu liefern, Ordnungen zu errichten, die Avantgarde zu liquidieren – übrigens auch dann, wenn solche Tendenzen unter dem Schlagwort »postmodern« auftreten. Postmodern ist das Bewusstsein, das keine Versöhnung zwischen den verschiedenen Sprachspielen erwartet.

Jeder Versöhnungsglaube wäre eine Illusion, für die der Preis des Terrors zu entrichten wäre. Lyotards Konzept heißt: »Krieg dem Ganzen, zeugen wir für das Nicht-Darstellbare, aktivieren wir die Differenzen, retten wir die Ehre des Namens.« Diese pathetische Formel ist der Schluss seines Aufsatzes: *Beantwortung der Frage: Was ist postmodern?*[76] Die Anspielung des Titels auf Immanuel Kants Aufsatz *Beantwortung der Frage: Was ist Aufklärung?* von 1784 – und damit der programmatische Anspruch – ist überdeutlich. Man sollte aber Lyotards einschränkende Hinweise, die er in seinem Gespräch mit Bernard Blistène gab, ernst nehmen: Die Diskussion um die Postmoderne steht erst am Anfang – wie damals, als Kant seinen Text formulierte, die Diskussion um die Aufklärung. Und irgendwann wird sie »aufhören, ohne abgeschlossen zu sein.«[77] Lyotard hatte durchaus das Bewusstsein, mit dem Begriff *Postmoderne* eine Art Signatur eines neuen Zeitalters zu formulieren.

Für die Zeitschrift *Babylone* hat Lyotard im Jahre 1982, also zur Entstehungszeit des *Widerstreits*, einen kleinen Text geschrieben: »Rasche Bemerkung zur Frage der Postmoderne«.[78] Mit diesem Text erhebt er keinen theoretischen Anspruch – es handelt sich um einen Essay, einen Versuch, der gerade, weil er nur ein Versuch ist, einige problematische Punkte deutlicher zuspitzen kann: »›Kapitalismus‹ ist einer der Namen der Moderne«[79]; in seinem umfassenden Ausdehnungsdrang beginnt er auch die Sprache zu besetzen, sie in eine produktive Ware zu verwandeln. Sie wird in Informationsquanten berechenbar gemacht. Welche Folgen das haben wird, beginnen wir erst zu sehen. Den Begriff der Entfremdung hält Lyotard allerdings für ungeeignet, um die daraus resultierenden Probleme zu erfassen.

Jedenfalls lenkt diese Entwicklung die Aufmerksamkeit auf die Struktur der Sprache. Die großen Entdeckungen der wissenschaftlichen, literarischen und künstlerischen Avantgarden im 20. Jahrhundert laufen darauf hinaus, dass die Sprache kein Kommunikationsinstrument ist, dass die Vorstellung von Sprache als Information flach ist, dass es nur Inseln von Sätzen gibt, »die ungleichartigen Ordnungen angehören, so dass es unmöglich ist, einen Satz aus einer Ordnung« in einen Satz aus einer anderen Ordnung zu übersetzen.[80] Postmodern ist die Suche nach der Inkommensurabilität zwischen Satzordnungen, nach ihrer wechselseitigen Unübersetzbarkeit. In diesem Sinne sind Freud, Marcel Duchamp, Niels Bohr, Gertrude Stein, aber auch schon Rabelais und Sterne postmodern: Sie betonen die Paradoxien, die ein deutliches Anzeichen dieser Inkommensurabilität sind. Insoweit sie ihren Akzent darauf legt, kann man Teile der französischen Philosophie der letzten Jahrzehnte ebenfalls postmodern nennen:

- Derrida: Die Dekonstruktion der Schrift.
- Foucault: Die Unordnung des Diskurses.
- Serres: Die erkenntnistheoretischen Paradoxien.
- Lévinas: Die Alterität, das Erscheinen des Anderen.
- Deleuze: Die Sinneffekte, die aus nomadischen Begegnungen resultieren.

»Liest man jetzt und mit diesen Namen im Kopf Adorno, insbesondere Texte wie die Ästhetische Theorie, die Negative Dialektik oder Minima Moralia, so gewahrt man, wie sehr er in seinem Denken das Postmoderne vorwegnahm, obschon er ihm oftmals zurückhaltend, wenn nicht ablehnend gegenüberstand.«[81]

Lyotard etabliert hier eine Perspektive, in der Kapitalismuskritik transformiert wird zur Suche nach Inkommensurabilitäten in der Sprache. Diese auf den ersten Blick erstaunliche Sichtweise wird verständlicher, wenn man berücksichtigt, dass für ihn das soziale Band Sprache ist, »Geld ist seinerseits nur ein Aspekt von Sprache.«[82] Anders als Marx, der den Kapitalismus als System betrachtet, versucht Lyotard ihn als Sprachfigur zu sehen. Dahinter stecken diverse theoretische Tendenzen; vor allem wohl die soziologische Überlegung von einer Wandlung der Industriegesellschaft zur Informationsgesellschaft.[83]

Lyotard ist weder Soziologe noch Ökonom. Die Theorien von Daniel Bell und Alain Touraine über die postindustrielle Gesellschaft sind für ihn Hintergrundphänomene, deren Ausgangspunkt er nicht selber analysiert und diskutiert. Statt hinter sie zurückzufragen, versucht er, einen Schritt weiter zu gehen und mittels einer philosophischen Kritik des Informationsbegriffs zu einer spezifischen Form sprachanalytisch orientierten Denkens zu kommen: Sprache ist anders und mehr als Information, deshalb kann sie letztendlich nicht stromlinienförmig eingepasst werden, sondern enthält ein Widerstandspotential. Hierzu wird im Folgenden noch einiges zu sagen sein.

6. Das »Grabmal des Intellektuellen« – die neue Bescheidenheit von Schriftstellern und Philosophen

Der Text *Grabmal des Intellektuellen* erschien zuerst in *Le Monde* vom 8. Oktober 1983. Es handelt sich um eine der vielen Antworten auf einen Artikel des damaligen Regierungssprechers und Ministers Max Gallo, der in *Le Monde* vom 26. Juli 1983 unter dem Titel *Les intellectuels, la politique et la modernité* das »Schweigen der Intellektuellen« beklagt hatte. Die sozialistisch-kommunistische Regierung war nach ihrem Wahlsieg von 1981 seit zwei Jahren an der Macht. Ihre Wirtschafts- und Sozialpolitik war zu diesem Zeitpunkt schon gescheitert, ihre gegen die Konfessionsschulen gerichtete Bildungsreform fand nur wenig Zustimmung. Die Bildungsreform ist dann ein Jahr darauf nach einer Welle von rechten Massendemonstrationen mit über zwei Millionen Teilnehmerinnen und Teilnehmern zurückgenommen worden. Die Rechte hatte mit diesem Thema mehr Menschen mobilisieren können, als es der Linken in Frankreich je gelungen war. Das Klima der öffentlichen Meinung war gegen die Sozialisten gerichtet.

Der Regierungssprecher artikulierte seine Verwunderung: Hatten die französischen Intellektuellen sich nicht immer für Veränderung, Reform, Revolution eingesetzt? Warum nun diese Distanz? Der Regierung fehlte alles, was für eine konsequente Reformpolitik nötig ist: Eine soziale Mobilisierung der Arbeiterschaft war kaum vorhanden, neue soziale Bewegungen gab es in Frankreich zu jener Zeit noch nicht – und nun zu allem Überfluss noch diese feindselige Stille der Intellektuellen. Diese hatte verschiedene Gründe:

Erstens war das Reich der Intellektuellen seit Voltaire eine Art Gegenwelt zur herrschenden Politik, kritische Opposition. Ein parlamentarischer Regierungswechsel war nichts, was diese Haltung hätte verändern können.

Zweitens hatte sich seit 1973, seit der durchschlagenden Wirkung von Solschenizyns *Archipel Gulag* in der französischen Intelligenz, ein tiefsitzendes Misstrauen gegen eine bestimmte Form von linkem Politikertum breitgemacht. Man verschwieg die Verbrechen, die in der Sowjetunion im Namen des Sozialismus geschahen, mit der Begründung, eine einheitliche Front gegen rechts aufbauen zu wollen. Dieses Politikertum hatte die französische Intelligenz bis in die Lehrerschaft hinein in den 1950er und 1960er Jahren geprägt. Jean-Paul Sartres aufregendes Hin und Her zwischen Stalinismuskritik und Verschweigen der Lager in den 1950er Jahren, die berühmten »Irrtümer Sartres«, ist der auch außerhalb Frankreichs bekanntgewordene prominenteste Ausdruck dieser Haltung. Man wird die Irrungen und Wirrungen Sartres nicht verstehen, wenn man nicht diesen unglaublichen Meinungsdruck einkalkuliert, der auf jeder und jedem lastete, der oder die als links gelten wollte. Simone de Beauvoir hat all das in ihrem Schlüsselroman *Die Mandarins von Paris* sehr kritisch beschrieben. Dorthin wollte keiner zurück, keiner wollte mehr aus Rücksicht auf »die Gesamtinteressen der Linken« oder gar die »Emanzipation der Menschheit« die Verbrechen, die in deren Namen begangen wurden, schweigend hinnehmen.

Drittens war damit eigentlich nur eine verlogene Art von Intellektualität diskreditiert worden, nämlich die, die einen halbierten Universalismus predigte: Unterdrückung wurde nur angeprangert, wenn sie nicht von aus irgendeinem Grund als »fortschrittlich« angesehen Kräften, sei es in der zweiten oder dritten Welt, ausgeübt wurden. Auch in Frankreich hatte es immer prominente Kritiker dieser Haltung gegeben. Die bekanntesten sind Albert Camus und Raymond Aron. Ein Intellektueller, der einen wirklichen Universalismus predigte, der sich dann an den Menschenrechten zu orientieren hätte, war durch eine solche Kritik nicht diskreditiert. André Glucksmann hat daraus übrigens die Konsequenz gezogen, an der Figur des politisierenden Intellektuellen positiv festzuhalten. In der *Macht der Dummheit* schreibt er eine »*Verteidigung des Intellektuellen*«, der sich an aufklärerischen, universellen Werten orientiert, aber von der verlogenen Predigt Abschied nimmt.[84]

Lyotards Antwort auf Max Gallos Frage nach dem Schweigen der Intellektuellen geht weiter. Charakteristisch für Lyotards Herangehensweise ist, dass er schlicht konstatiert, statt zu kritisieren. Seine Ausgangsdefinition: Intellektuelle sind »Geister, die vom Standpunkt des Menschen, der Menschheit, der Nation, des Volkes, des Proletariats, der Kreatur oder einer ähnlichen Entität aus denken und handeln. Sie identifizieren sich mit einem Subjekt, das einen universellen Wert verkörpert.«[85]

Nur die Idee eines universellen Subjekts konnte Voltaire, Zola oder Sartre ihre ungeheure Autorität verschaffen. Diese Universalität ist heute in Frage gestellt. Die Trennung der verschiedenen Bereiche von Kunst, Politik, Philosophie führt zwar zu Höchstleistungen in Teilbereichen, aber nicht zu einer automatischen Übertragung der in einem Bereich erworbenen Kompetenz auf andere Lebensbereiche. Jemand, der ein guter Schriftsteller ist, hat damit noch keine besondere Autorität als Bürger. Das Wesen eines Intellektuellen ist die Übertragung des Namens, den er in einem Bereich erworben hat, in einen anderen.[86] Das ist eine Verwechslung der Ebenen, eine unzulässige Anmaßung, und wäre nur dann legitim, wenn eine Art von Universalität ungebrochen in Geltung wäre. Man hatte z.B. die internationale Solidarität der Arbeiter als Zeichen für die Existenz eines universellen Subjekts angesehen. Lyotard stellt kühl fest, dass solche Zeichen heute selten geworden sind und dass das Denken der Aufklärung heute außer Kurs gekommen ist.

Es bleibt nicht einmal der Gedanke, den Standpunkt der »Benachteiligten« einzunehmen, den Sartre in seinen letzten Lebensjahren vertrat. Sie sind kein grundsätzlicher Orientierungspunkt. Im *Widerstreit* heißt es dazu knapp: »Die voller Stolz geführten Unabhängigkeitskämpfe münden in junge reaktionäre Staaten.«[87] Warum? Der Widerstand, der sich mit traditionsgebundenen oder gar mythischen Legitimationen (Erzählungen aus alter Vorzeit, von alter Großartigkeit) begründet, rückt die Idee einer weltbürgerlichen Geschichte nur weiter weg, auch wenn seine politisch-militärischen Erfolgschancen durch derartige Legitimationen wachsen mögen. Lyotard wird trotz dieser schneidenden Kälte nicht zum Zyniker. Über die Benachteiligten schreibt er: »Ich sage nicht, man habe sich nicht um ihr Los zu kümmern, im Gegenteil, man hat es zu tun, aufgrund einer ethischen und bürgerlichen Verantwortlichkeit. Aber dieser Gesichtspunkt erlaubt nur defensive und lokale Stellungnahmen. Verlangt man mehr, so kann er das Denken fehlleiten, ähnlich wie er Sartre fehlgeleitet hat.«[88]

Das ist es, was ich »neue Bescheidenheit« nennen möchte. Statt des totalisierenden Universalismus stellt sich Lyotard eine Art »neue Verantwortlichkeit«[89] vor, die mit dem Zerfall der Universalität rechnet und deshalb die wechselseitige Unabhängigkeit, ja sogar gegenseitige Unverträglichkeit vielfältiger Verantwortlichkeiten von Fall zu Fall mit Geschmeidigkeit, Toleranz und »Wendigkeit«[90] wahrnimmt. In seinem Dialog *Au juste* nennt Lyotard als Modell solchen Urteilen die *phronesis*, die praktische Klugheit des Aristoteles, die von Fall zu Fall in Situationen urteilt, in denen es kein übergeordnetes Kriterium gibt.[91]

Lyotard schreibt all dies in der unaufgeregten, unpolemischen Art eines respektvollen Nachrufs, es ist in der Tat ein »Grabmal«, das er der Figur des klassischen Intellektuellen errichtet. Er hat später klargestellt, dass er nicht sagen wollte, »dass der Intellektuelle tot ist und beerdigt werden sollte.« »Der Terminus ›tombeau‹ verweist im Französischen auch auf eine literarische und musikalische Gattung, eine Art von Gedenkzeichen. Das Grabmal des Intellektuellen ist auch das Eingedenken des Intellektuellen. Wir sind im Eingedenken. Das heißt nicht, dass es keine Intellektuellen mehr gibt, sondern dass die heutigen Intellektuellen, die Philosophen, sofern sie mit der Politik oder mit den Fragen der Gesellschaft zu tun haben, keine so manifesten und eindeutigen Positionen beziehen können.«[92]

Es gibt also immer noch Intellektuelle, sie können nur nicht mehr so selbstgewiss Position beziehen. Was bleibt, ist eine Art minimale Widerstandslinie.[93] Es gibt eine Pflicht zum Eingreifen für den Schutz elementarer Freiheiten, wenn sie gefährdet sind. Darüber hinaus gibt es einen mehr verdeckten Widerstand, der im Reden und Schreiben praktiziert wird, wie Orwells Romanfigur Winston das in *1984* tut.

7. Lyotards Ästhetik des Erhabenen: Die Kunstavantgarde des 20. Jahrhunderts als Postmoderne

Die deutsche Literaturwissenschaftlerin Christa Bürger hat beobachtet, dass Lyotard in der Ästhetik, vor allem in der Malerei, mit er sich am intensivsten beschäftigt hat, die Moderne zur Postmoderne erklärt.[94] Lyotard kritisiert sogar neuere Kursentwicklungen wie die »Transavantgarde«, sie sei »unter dem Vorwand, das Erbe der Avantgarden zu bewahren, ein gutes Mittel, es zu verschleudern.«[95] Die Rede vom »Erbe« der Avantgarden klingt einigermaßen irritierend. Es scheint beinahe, als wolle Lyotard einen Traditionalismus der ästhetischen Moderne aufbauen. Eine derartige, nur scheinbar paradoxe Position des »skeptischen Modernitätstraditionalismus« vertritt übrigens der deutsche Philosoph Odo Marquard.[96]

Lyotards Überlegung ist die Folgende: Die Kunst muss experimentieren, um immer wieder Versuche zu machen, auf das Undarstellbare hinzuweisen. Das »Erhabene« *(le sublime)* ist der Zentralbegriff von Lyotards ästhetischer Theorie. Dieser Begriff ist in der europäischen Ästhetik des 17. Und 18. Jahrhunderts verwendet worden, um Gefühlsmomente zu beschreiben, die mit dem Begriff des Schönen, der herkömmlichen Leitkategorie der Ästhetik, nicht zu erfassen waren; die vielmehr mit der Wahrnehmung von Schmerz und Gefahr, Angst und Schrecken verbunden waren, allerdings nicht unmittelbar, sondern aus einer gewissen sicheren Entfernung, so dass sich Unlust und Lust, Bedrängnis und Erleichterung eigentümlich vermischen.

Das ist der Kerngedanke von Edmund Burkes 1757 veröffentlichter *Philosophical Enquiry into the Origin of our Ideas of the Sublime and the Beautiful.* Als Beispiel führt Burke Miltons Beschreibung der dunklen Nachtgestalten in *Paradise Lost* an; man könnte auch Dantes Beschreibung der Hölle nennen. Die physiologischen Reaktionen auf Alfred Hitchcocks »*Suspense*«-Momente in seinen Filmen dürften ziemlich genau dem entsprechen, was Burke gemeint hat. Der andere »klassische Ort«, an dem von Erhabenen die Rede ist, sind §§ 23 bis 29 in Immanuel Kants *Kritik der Urteilskraft.* Kant kritisiert an Burke, dass dieser empirisch und physiologisch vorgeht, statt die Vernunftvermögen zu analysieren. Lyotard folgt in diesem Punkt jedoch Burke und nicht Kant, weil er meint, dass Kant das Moment des Bedrohlichen nicht stark genug herausstellt. Kant sucht seine Beispiele für das Erhabene fast ausschließlich in der Natur, während Burke durchaus auch die Literatur im Blick hatte.

Lyotards Ansatz ist es nun, diesen Begriff auf die avantgardistische Kunst anzuwenden. Die Anregung dazu stammt von Barnett Newman, der 1948 einen Essay mit dem Titel *The Sublime is Now* (Das Erhabene ist jetzt) schrieb. Eine Ästhetik des Schönen ist der Kunstavantgarde gegenüber offenbar unangemessen, die Formel vom Schönen als Versprechen des Guten wirkt gegenüber Newmans riesigen Farbflächen, etwa *Wer hat Angst vor Rot, Gelb und Blau?* (1966/67), eigentümlich banal. Der Rezipient von Avantgardekunst

> »empfindet kein einfaches Vergnügen, er zieht keinen ethischen Gewinn aus seinem Umgang mit den Werken, er erwartet von ihnen eine Intensivierung seines Gefühls- und Begriffsvermögens, einen zwiespältigen Genuss. Das Werk beugt sich keinem Vorbild, es versucht darzustellen,

dass es ein Nicht-Darstellbares gibt, es ahmt nicht die Natur nach, es ist ein Artefakt, ein Trugbild. Das Gemeinwesen erkennt sich in den Werken nicht wieder, es ignoriert sie, es verwirft sie als unverständlich und nimmt schließlich hin, dass die intellektuelle Avantgarde sie in Museen aufbewahrt als Spuren von Versuchen, die Zeugnis ablegen von der Macht des Geistes und seiner Blöße.«[97]

In der französischen Umgangssprache bezeichnet das Wort »sublime« gewöhnlich etwas, das Erstaunen und Bewunderung auslöst.[98] Lyotard bemerkt, dass es ähnlich wie das amerikanische »great« verwendet wird. Im heutigen deutschen Sprachgebrauch wirkt das »Erhabene« dagegen wie eine altertümliche und pathetische Formel und lässt an Friedrich-Schillersche Donnerworte denken (von denen Lyotard sich natürlich distanziert). Aber so fremdartige und irritierend der Begriff auch wirkt – er scheint auf frappierende Weise den Irritationsmomenten der Kunstavantgarde angemessen zu sein. Die Komplexität der Gefühlsmomente im Rezipienten ist in ihm eher ausgedrückt als im Begriff der Authentizität, den Jürgen Habermas in seinen Überlegungen zur Ästhetik überall dort verwendet, wo der Begriff des Schönen nicht ausreicht. Lyotards Begriffsgeschichte des Erhabenen ist sozusagen der Versuch einer Ehrenrettung für einen diskreditierten und weitgehend außer Kurs geratenen Begriff, der jedoch auf eine Vorstellung verweist, die »seit mindestens zwei Jahrhunderten der strengsten Reflexion über die Kunst« angehört.[99]

Was bei Lyotard fehlt, ist der Gedanke, dass auf die einschüchternde, Schrecken verbreitende Geste des Erhabenen auch eine ganz andere, befreiende Reaktion möglich ist – das Lachen; denn das Erhabene, wie Burke es verstand, ist ja nicht der wirkliche Terror, es ist nur ein Zeichen des Bedrohlichen und als solches harmlos. Um die Wende des 18. zum 19. Jahrhundert muss der Begriff des Erhabenen derart die Kunstdiskussion dominiert haben, dass diese Reaktion nahelag. Thomas Paine schrieb schon 1794 in *The Age of Reason:* »Wenn Schriftsteller und Kritiker vom Erhabenen sprechen, so sehen sie nicht, wie nahe es an das Lächerliche grenzt.« Mag sein, dass Thomas Paine in Frankreich nicht geläufig ist. Der Napoleon Bonaparte auf der Flucht aus Russland zugeschriebene Satz: *»Du sublime au ridicule il n'y a qu'un pas«* (Vom Erhabenen zum Lächerlichen ist es nur ein Schritt), dürfte jedem Franzosen bei der Erwähnung des Begriffs sofort einfallen. Daher ist es schade, dass Lyotard diese Seite der Angelegenheit nicht reflektiert. Hier zeigt sich meines Erachtens, dass er doch zu sehr der heroischen, ernsthaften Seite der Avantgarde der ersten Hälfte des 20. Jahrhunderts anhängt, dass bei ihm trotz seines Buches über Marcel Duchamp der Sinn für das Komische, die Ironie, aber eben auch das Lächerliche, das ungewollt Komische zu kurz kommt.

Wie sieht Lyotard nun das Verhältnis des Erhabenen zum kapitalistischen Kunstmarkt? Er spricht von einer zwiespältigen, in mancher Hinsicht perversen Beziehung. Einerseits ist diese Ästhetik, wie man den Künstlermanifesten entnehmen kann, eine Reaktion gegen die Gegebenheiten und Kalküle des Marktes, andererseits besteht ein geheimes Einverständnis zwischen Kapital und Avantgarde. Die Wurzel dieses Einverständnisses: »Es ist etwas Erhabenes in der kapitalistischen Ökonomie. Sie ist nicht akademisch, sie ist nicht physiokratisch, sie lässt keinerlei Natur zu.«[100] Das ist vermutlich eine Anspielung auf bestimmte Formulierungen des *Kommunistischen Manifests* von Marx und Engels. Danach hat z.B. die Bourgeoisie »ganz andere Wunderwerke vollbracht als ägyptische Pyramiden, römische Wasserleitungen und gotische Kathedralen, sie hat ganz andere Züge ausgeführt als Völkerwanderungen und Kreuzzüge«[101]. Auf die kritische Nachfrage eines Altmarxisten, ob er dem Kapitalismus gegenüber nicht eine zweideutige Haltung einnehme, antwortete Lyotard: »Mein Bezug zum Kapitalismus war immer so zweideutig wie der von Marx selbst.«[102]

Der Kunstmarkt bedarf des Neuen, des Ungewöhnlichen – dadurch kann er auf Künstler verführerisch wirken, ohne dass man das gleich als Korruption erklären muss. Aber darin steckt nach Lyotards Meinung eine Gefahr für die Avantgarde: Überraschung und Wohlbekanntes müssen gut dosiert, vermischt werden. Die Innovation »greift auf Lösungen zurück, die durch frühere Erfolge bestätigt sind, man modelt sie um, indem man sie mit anderen, im Grunde unvereinbaren Lösungen kombiniert, mit Amalgamen, Zitaten, Ornamenten, Pasticci [...]. In dieser Weise glaubt man, den Zeitgeist auszudrücken und spiegelt doch nur den des Marktes wider. Erhabenheit ist dann nicht mehr in der Kunst, sondern in der Spekulation über die Kunst.«[103]

Vom Standpunkt einer Ästhetik des Erhabenen lässt sich immerhin einiges Erhellende über die heroische Avantgarde aussagen. Lyotard vermutet sogar eine fast ungebrochene geistesgeschichtliche Entwicklungslinie im Zeichen dieses Begriffs von der Frühromantik bis in die Mitte des 20. Jahrhunderts hinein. Er möchte gewährleistet wissen, dass dieser Erklärungsbegriff auf das Feld der Ideen beschränkt bleibt. Jeder Versuch einer tatsächlichen Verwirklichung des Erhabenen in der Praxis, handele es sich um Stalinismus, Trotzkismus oder Maoismus, entfesselt den Terror und den Terrorismus. Das betont er in dem oben zitierten Interview mit Gérard Raulet, nachdem dieser ihm in einer früheren Veröffentlichung vorgehalten hatte, seine Ästhetik des Erhabenen sei terroristisch.[104]

Im Jahr 1985 konzipierte Lyotard im Pariser *Centre Georges Pompidou* die Ausstellung *Les Immatériaux*, was sich vielleicht mit »Die Immaterialien« übersetzen lässt. Viele erwarteten das Auftrumpfen einer Postmoderne, aber ganz im Sinne seines Denkansatzes wurde die Ausstellung zu einer auf Irritation und

Beunruhigung zielenden Infragestellung des »Projekts der Moderne«. In einer Pressemitteilung erklärte Lyotard: »Die Veranstaltung möchte das Gefühl vom Abschluss eines Zeitabschnitts und die unruhige Neugier verspüren lassen, die im Anbruch der Postmoderne entsteht.«[105] Man wird konstatieren müssen, dass er zu Werbezwecken für seine Ausstellung doch wieder die *Postmoderne* als Begriff für eine neue Epoche verwendet. Die herkömmliche Darbietungsform von Kunstausstellungen in Salons und Galerien wurde aufgegeben, die Stellwände wurden durch Rasterfolien ersetzt, dreißig Sender verbreiteten in voneinander abgegrenzten Zonen akustische Signale, die den Vorrang vor den visuellen haben sollten. Der Begriff »Immaterialien« sollte anzeigen, dass die Wirklichkeit ständig unbegreifbarer wird, dass an die Stelle der guten alten Materie in unserem Bewusstsein komplexe Informationen, Zahlen, Codesysteme, Strukturgesetze treten. Die Ausstellung war philosophisch gemeint. Die Künstler, die Maler sind für den Philosophen »Brüder im Experimentieren«[106].

8. »Der Widerstreit« – Lyotards sprachphilosophisches Hauptwerk

Im *Widerstreit* aus dem Jahre 1983, dem Buch, das Lyotard als »mein philosophisches Buch« (auf dem Umschlag der französischen Ausgabe) bezeichnet hat, kommt der Begriff »Postmoderne« nur an drei Stellen vor. Es wird aber schnell ersichtlich, dass es sich um einen sprachphilosophischen Begründungsversuch von etwas handelt, das Lyotard selbst als »achtenswerte Postmoderne«[107] bezeichnet, achtenswert im Unterschied zu irgendeinem *Neo-dies*, *Neo-das*, *Post-ceci*, *Post-cela*. Auch hier wieder kann man erkennen: Postmoderne ist bei Lyotard als Großbegriff und damit eben doch, obwohl er es wortreich bestreitet, als Epochenbegriff gemeint, nicht als Begriff für kleinere Modeerscheinungen.

Von seiner äußeren Form her ist *Der Widerstreit* kein ganz gewöhnliches philosophisches Buch. Es besteht aus 264 Aphorismen von jeweils etwa einer halben Druckseite Länge sowie aus vierzehn etwas kleiner gedruckten, dazwischen platzierten »Exkursen«, die so etwas wie analysierende Lektürenotizen sind zu Protagoras, Platon, Aristoteles, viermal zu Kant, zu Lévinas, zur Menschenrechtserklärung von 1789 sowie zu den Erzählungen der brasilianischen Cashinahua-Indianer.

Der Grundgedanke des Buches ist folgender: »Die« Sprache ist nicht einheitlich, sondern heterogen. Es gibt unterschiedliche Diskursarten: Wissen, Lehren, Rechthaben, Verführen, Rechtfertigen, Erschüttern, Kontrollieren usw. Es gibt nicht »die Sprache« im Allgemeinen, es sei denn als Gegenstand einer Idee.[108] Die verschiedenen Diskursarten sind miteinander inkommensurabel, d.h., es fehlt normalerweise eine universale Urteilsregel in Bezug auf ungleichartige Diskursarten. Nach dem Niedergang der großen Erzählungen wissen wir, dass es keine übergeordnete, schlichtende Gesamtautorität gibt. Unzweifelhaft ist eigentlich nur, dass Sätze »geschehen«; denn zweifelt man das an, »geschieht« es, dass man zweifelt. Die Frage ist immer: »geschieht es?«, »arrive-t-il?«. Lyotard ist an diesem Punkt sehr vorsichtig, um den Sätzen nicht das Prädikat »ist wirklich« oder »ist« zuzusprechen.[109] Man kann aussagen, *dass* etwas geschieht, aber *was* geschieht, gehört schon einer bestimmten Diskursart an. Die Logik ist »vor dem Wie, nicht vor dem Was«[110]. Die deutsche Übersetzung des *Widerstreits* von Joseph Vogl übersetzt *arrive-t-il?* durchgängig mit *geschieht es?* In dem am Schluss dieses Einführungsbandes abgedruckten Interview mit Lyotard haben die beiden Interviewer Willem van Reijen und Dick Veermann diese Formulierung dagegen mit *ereignet es sich?* übersetzt und so Lyotard ein Stück weit an Heideggers Begriff *Ereignis (événement)* herangerückt, was man ebenfalls so machen kann. Dies nur als beiläufiger Hinweis. Mehr zu Heidegger in Kapitel 12 dieser Einführung, wo auch klarwerden wird, warum solche kleinen Nuancen der Übersetzung bedeutsam sein können.

Das Problem des Widerstreits ist nun Folgendes: Auf einen Satz folgt ein nächster (auch Schweigen wird als Satz charakterisiert); verkettet wird ein Satz mit dem nächsten nach Satz-Regelsystemen, die innerhalb eines Diskursgenres gelten. Man könnte aber auch eine ganz andere Fortsetzung finden, egal welche, die dann einer anderen Diskursart angehören würde. Man muss verketten, aber nicht in einer bestimmten Weise. Indem man verkettet, verhält man sich immer ungerecht gegenüber den möglichen Verkettungen, die nicht gewählt werden. Dies ist der Kern eines »Widerstreits« im Unterschied zu einem »Rechtsstreit«, der innerhalb eines und desselben Diskursgenres stattfindet und nach dessen Regeln entschieden werden kann. Ein Rechtsstreit ist prinzipiell entscheidbar, ein Widerstreit nicht. Jeder angeblich übergeordnete Diskurs oder Metadiskurs wäre auch nur ein Diskurs neben anderen. In und nach welchem Diskurs sollte sich entscheiden lassen, dass einer dem anderen überzuordnen wäre?

Zu entscheiden, ob es sich um einen Widerstreit oder um einen Rechtsstreit handelt, ist selbst schon ein Problem. Ein Beispiel: Die Partei (natürlich die proletarische) steht unter dem Zwang, zwei prinzipiell heterogene Diskursarten zusammenzubringen: Die Arbeiterklasse nämlich einerseits als ideales Objekt (vielleicht auch Subjekt) der Idee der emanzipierten arbeitenden Menschheit, auf der anderen Seite die reale Arbeiterklasse als Gegenstand kognitiver Sätze. Es ist also der Übergang vom Deskriptiven zum Normativen, vom Beschreibenden zum Vorschreibenden. Das geht nur dann, wenn die Partei sich das Monopol der Verfahren zur Ermittlung der historisch-politischen Wirklichkeit anmaßt.

Nur durch eine derartige Anmaßung kann ein Widerstreit verdrängt werden, der aber im Kern der Arbeiterbewegung ständig wiederkehrt, besonders in Form von wiederholten Auseinandersetzungen über die Organisationsfrage (das heißt natürlich über das Monopol der Partei und besonders der Führung). Es wird versucht, den Streit als Rechtsstreit zu führen – dann entscheidet das Politbüro als Gericht. Es ist selbst Partei und entscheidet immer zugunsten des Zentralismus, des Machtmonopols. Aber da es sich um einen Widerstreit handelt, wird er dadurch nur von Neuem produziert, er reproduziert sich an den Rändern der Organisation.[111]

Am Schluss des *Postmodernen Wissens* schien es, als sei der Kern von Lyotards Gerechtigkeitskonzeption das Geltenlassen der verschiedenen Sprachspiele. Noch früher, in der Ökonomie des Wunsches, hatte er sogar das Gegensatzpaar gut/böse zugunsten eines Konzepts der Intensitäten aufgegeben. Solche Gedanken lassen sich letzten Endes nicht halten, denn wo sind die Kriterien, wenn verschiedene Intensitäten aufeinanderprallen?

In dem Kapitel »Die Verpflichtung« des *Widerstreits* entwickelt er deshalb eine grundlegende Theorie der Gerechtigkeit. Ihr inhaltlicher Kern ist der Respekt vor den Menschenrechten. Lyotards Dekonstruktion der Gewissheiten macht also vor einem »Minimum an Sicherheiten« halt.[112] Er ist eben doch kein Skeptizist, der alles bezweifelt und dadurch letzten Endes nichts mehr behauptet. Haben aber die universalen Zweifler, die am Ende doch auf einen unbezweifelbaren Punkt stießen, von dort aus nicht ihre gesamte Philosophie konstruieren können? Für Descartes hat die eine Gewissheit »Ich zweifle, also bin ich« ausgereicht; Karl-Otto Apel denkt ganz ähnlich: Wer zweifelt, muss schon sinnvoll argumentieren, und daraus folgt dann alles Übrige. Die Sicherungen, die Lyotard gegen einen solchen Denkablauf eingebaut hat, werden bei seiner Analyse des Zustandekommens der moralischen Verpflichtung immer wieder deutlich.

Zunächst führt Lyotard vor, wie Ethik traditionell gedacht wurde. Es gibt Verpflichtungen in dem Sinne, dass Gehorsam gegenüber einer Norm gefordert wird. Da eine Norm nicht aus faktischen Verhältnissen, das Sollen nicht aus dem Sein abgeleitet werden kann, muss man ihre unableitbare, also bedingungslose Geltung annehmen. Die ethische Diskursart würde also die Verpflichtung hervorbringen und selber nur die Regel der bedingungslosen Verpflichtung zulassen.[113]

Die Unableitbarkeit der Verpflichtung versucht Lyotard dann in einer Analyse von Immanuel Kants Denkfigur »Kausalität aus Freiheit« in der *Kritik der praktischen Vernunft* zu belegen. Kant hatte festgestellt, dass keine Deduktion der objektiven Realität des moralischen Gesetztes mittels der theoretischen, spekulativen oder empirisch unterstützten Vernunft möglich sei. Es ist vielmehr umgekehrt: Der präskriptive Satz selber kann als eine Art Faktum verstanden werden und so als Ausgangspunkt einer Deduktion, nämlich der Deduktion der Freiheit, dienen. Lyotard folgert: »Das Gesetz bleibt unabgeleitet. [...] Man kann *strictu sensu* nicht behaupten, die Freiheit ermögliche die Erfahrung von Moralität, die Verpflichtung. Diese ist kein Faktum, das man belegen könnte, sondern nur ein Gefühl, ein Faktum der Vernunft, ein Zeichen.«[114]

Dass das moralische Gesetz nicht weiter begründbar, ein Faktum der Vernunft sei, war Kants Gedanke.[115] Lyotard geht weiter: Es ist dann ein Gefühl, ein Zeichen. Die Übergänge vom kognitiven zum präskriptiven Bereich können nicht in theoretischen Ableitungen bestehen, sondern müssen woanders gesucht werden, nämlich im Urteilsvermögen, in der Urteilskraft, die Kant in seiner dritten Kritik, der *Kritik der Urteilskraft*, analysiert hatte. Eine vierte Kritik, eine »Kritik der politischen Vernunft«, hat Kant nicht geschrieben.

Trotzdem versteht Lyotard sich als Kantianer der dritten und vierten Kritik. Er meint, in einem gewissen Sinne könne man die vielfältigen politischen Schriften Kants als vierte Kritik bezeichnen. Ihre Aufteilung in kleinere Texte und Aufsätze entspreche dabei der Vielfältigkeit des politischen Gegenstandes. Kant hatte in der *Kritik der Urteilskraft* einige nicht-theoretische, nicht-begriffliche Übergänge angegeben, z.B. das Schöne als Symbol des Guten – ein Übergang zwischen dem ästhetischen und dem moralischen Bereich, oder, als Beispiel eines misslungenen Übergangs, die Illusion, die entsteht, wenn wir auf Gebieten argumentieren, für die kein Anschauungsobjekt in Raum und Zeit gegeben ist.

Lyotard verzichtet auf eine Auflistung der vielfältigen Übergangsmöglichkeiten. Er interessiert sich vor allem für einen Übergang, den er in Kants politischen Schriften gefunden hat: die Geschichtszeichen. Kant verwendet diesen Ausdruck in §5 des *Streits der philosophischen Fakultät mit der juristischen.* Es geht um die Frage, »ob das menschliche Geschlecht im beständigen Fortschreiten zum Besseren sei.«[116] Kant lehnt jegliche »Weissagung« natürlich ab. Ein direkter Beweis scheint ihm nicht möglich, weil es um Ideen ging. Wie aber sollte dies Fortschreiten empirisch, in der Anschauung zu bestätigen sein? Es ging ja gerade um das noch nicht Vorhandene. Kant suchte also nach einem Indiz, einer Begebenheit, die allerdings nicht selbst Ursache des Fortschritts sein durfte (denn sonst hätte die Argumentation sich im Kreise gedreht). Er hat dieses Zeichen gefunden in dem *Enthusiasmus*, den die Französische Revolution unter ihren Zuschauern, z.B. in Deutschland, hervorrief.[117] Dieser Übergang ist nicht ohne Fragwürdigkeit. Der Enthusiasmus ist ein Affekt, »eine starke Gefühlsaufwallung und als solche blind.«[118]. Kant hatte in seinem kritischen Bewusstsein dazu erklärt, ein solcher Affekt könne kein »Wohlgefallen der Vernunft verdienen«[119].

Lyotard schreibt im *Widerstreit*: »Der historisch-politische Enthusiasmus bewegt sich also am Rande der Demenz, ist ein pathologischer Anfall und besitzt als solcher in sich keine ethische Gültigkeit, da die Ethik die Befreiung von jeglichem motivierenden Pathos verlangt; sie lässt nur jenes apathische Pathos zu, das die Verpflichtung begleitet, die Achtung. Dennoch bewahrt das enthusiastische Pathos in seiner vorübergehenden Entfesselung ethische Gültigkeit, es ist ein energetisches *Zeichen*, ein Tensor des ›Wunsches‹.«[120]

1986 hat Lyotard *L'Enthousiasme* (Der Enthusiasmus) veröffentlicht, dessen deutsche Übersetzung im Frühjahr 1988 – zugleich mit der ersten Auflage dieser Einführung – erschienen ist.

In dem eben zitierten Abschnitt aus dem *Widerstreit* sind seine Kerngedanken zu diesem Thema schon auf den Punkt gebracht: Kritisch-kantische Distanz zu diesem Affekt, gleichzeitig die Einsicht, dass hier ein Übergang von einer Diskursart in die andere angedeutet wird, der aber nicht wirklich stattfindet, sondern in die »Sackgasse der Inkommensurabilität«[121] treibt. Aber das energetische Muster ist da. Der Begriff »Tensor« (Spannungsmoment) kommt schon in der Ökonomie des Wunsches vor. Hier findet sich eine der (nicht häufigen) Stellen, an denen der neue, der rationalistisch argumentierende Lyotard explizit an seine libidoanalytische Phase von 1974 anknüpft.

Der Enthusiasmus gehört zu den erhabenen Gefühlen, als solches ist er »formlos und ungestalt«[122]. Die Gefahren des Irrtums in diesem Affekt sind ungeheuer. Lyotard nennt die politische Illusion, die darin bestehen würde, diese Zeichen mit der Realität zu verwechseln. Kant wie Lyotard bestehen darauf, dass sie nur den Enthusiasmus der nicht betroffenen, nicht direkt interessierten Zuschauer meinen.[123]

Der Enthusiasmus ist ein ästhetisches Gefühl. Nur dann, wenn dieses Konzept nicht direkt auf die Politik übertragen wird, kann nämlich Kants Auflösung der Antinomie des Geschmacksurteils funktionieren: Dass man über Geschmacksurteile zwar streiten, aber nicht mit verbindlichen Argumenten disputieren kann. Der Enthusiasmus appelliert an einen Gemeinsinn (*sensus communis* bei Kant), der eine »unbestimmte Norm«[124] ist. Diese Unbestimmtheit garantiert, dass es keinen verbindlichen Begriff gibt, auf den man sich einigen müsste, wohl aber, auf einer reflexiven Ebene, ein Begriffsvermögen, ein Darstellungsvermögen. Geschmacksurteile, so lautet Kants Auflösung der Antinomie des Geschmacks, haben insofern Allgemeinheitscharakter, als sie an einen allgemein vorhanden Sinn appellieren, der bei anderen vorausgesetzt werden kann. Die Gemeinsamkeit liegt also nicht im einzelnen Urteil, sondern auf der reflexiven Ebene des gemeinsamen Vermögens. Es handelt sich um eine Idee, die nie unmittelbar darstellbar ist.

»Die kantische Auflösung beruft sich auf das Gefühl selbst, das alle beide notwendigerweise empfinden, andernfalls könnten sie sich nicht über ihre Uneinigkeit verständigen.«[125]

Für Lyotard ist diese Auflösung einer Antinomie ein Paradefall für die denkbare Auflösung eines Widerstreits. Man findet eine gemeinsame reflexive Basis, auf der man sich über die Uneinigkeit verständigen kann. Die Uneinigkeit verschwindet dadurch aber keineswegs – das wäre jener Fehlschluss, den zu bekämpfen Lyotard sich wohl zum Hauptziel seines Philosophierens gesetzt hat.

Der Gedanke einer Verständigung über die Uneinigkeit zeigt gleichzeitig, dass Lyotard soweit doch nicht entfernt ist von modernen politischen Vertragstheorien. Er besteht allerdings darauf, dass die Konstatierung der Gemeinsamkeit von Geschmack noch kein »vernünftiger Konsensus« ist.[126] Den Begriff »vernünftiger Konsensus« bezieht er aber auf die Ebene des Sachverhalts, nicht des reflexiven Urteils. Die Verständigung über die Uneinigkeit bleibt auf der Ebene des Gefühls.

Lyotard geht es darum, den Widerstreit im Unentschiedenen und Spannungsvollen zu erhalten. Reflexives Denken kann ihn also nicht wirklich auflösen. Es kann ihn nur in Worte fassen:

»Der Widerstreit ist der instabile Zustand und der Moment der Sprache, in dem etwas, das in Sätze gebracht werden können muss, noch darauf wartet. Dieser Zustand enthält das Schweigen als einen negativen Satz, aber er appelliert auch an prinzipiell mögliche Sätze. Was diesen Zustand anzeigt, nennt man normalerweise Gefühl. ›Man findet keine Worte‹ usw. Es bedarf einer angestrengten Suche, um die neuen Formations- und Verkettungsregeln für die Sätze aufzuspüren, die dem Widerstreit, der sich im Gefühl zu erkennen gibt, Ausdruck verleihen können, wenn man vermeiden will, dass dieser Widerstreit sogleich von einem Rechtsstreit erstickt wird und der Alarmruf des Gefühls nutzlos war. Für eine Literatur, eine Philosophie und vielleicht sogar eine Politik geht es darum, den Widerstreit auszudrücken, indem man ihm entsprechende Idiome verschafft.«[127]

Eine Philosophie, die mehr will, beruht auf Illusionen oder Fehlschlüssen. Die Geschichtsphilosophie im Sinne von Hegel oder Marx etwa erliegt dem Schein, die Geschichtszeichen sozusagen für Tatsachen zu nehmen. Was bleibt dann eigentlich noch vom Marxismus übrig? Bei Lyotard findet man zwei Hinweise:

- Er versucht, dem vom Kapital verursachten Leiden ein Idiom, einen Ausdruck zu verschaffen.
- Er drückt ein Gefühl des Widerstreits aus: Dem Proletariat geschieht nicht irgendein Unrecht, »sondern das Unrecht schlechthin.«[128]

Lyotard ist unter den französischen Philosophen derjenige, der sich am häufigsten auf Kant bezieht. Eine der letzten Vorlesungen Michel Foucaults beschäftigte sich – sehr zum Erstaunen von Habermas – ebenfalls mit Kants Text *Was ist Aufklärung?* und dem zweiten Teil des *Streits der Fakultäten*.[129] Foucault begreift Kant hier als Philosophen der Aktualität, der in diesen Texten anders als in seinen großen Kritiken, in denen es um die Analytik der Wahrheit ging[130], die Frage nach der Gegenwart stellt und damit einen anderen Modus kritischen Denkens begründet, den einer kritischen Ontologie der Gegenwart. In dieser Tradition sieht Foucault Hegel, Nietzsche, Max Weber, die Frankfurter Schule und sich selbst.

Charakteristisch hierfür ist das Selbstverständnis des Philosophierenden als Zeitgenossen, das in der Tat Hölderlin und den jungen Hegel, »Marx und die Junghegelianer, Baudelaire und Nietzsche, Bataille und die Surrealisten, Lukács, Merleau-Ponty, die Vordenker des westlichen Marxismus überhaupt, nicht zuletzt Foucault selbst«[131] miteinander verbindet. Mit diesem positiven Traditionsbezug auf Kants politische Schriften stellt Foucault sich allerdings in eine Tradition der Moderne; denn damit bekennt er sich eigentlich zu jenem Willen zum Wissen, den er sonst nur aufgespürt hatte, um ihn zu denunzieren. Jürgen Habermas konstatiert hier verwundert eine Akzentverschiebung in Foucaults Denken. Es scheint so, dass die neuere Kant-Rezeption in Frankreich in der Lage ist, auf deutscher Seite einige Vorurteilsstrukturen aufzubrechen, und auf französischer Seite letztlich doch zu Positionen führt, die – wenn auch kritisch – in ihren entscheidenden Aussagen noch innerhalb der aufklärerischen Tradition der Moderne stehen. Genau hier liegen die Gemeinsamkeit und die Bedeutung von Foucaults und Lyotards Kant-Interpretation.

Die Politik »ist keine Diskursart, sondern deren Vielfalt, die Mannigfaltigkeit der Zwecke und insbesondere die Frage nach der Verkettung«.[132] Sie ist in gewisser Weise die »Drohung des Widerstreits«.[133] »In der deliberativen, der beratenden Politik, in der Politik der modernen Demokratien exponiert sich der Widerstreit«[134]; es sind nämlich verschiedene Diskursarten, die hier eine Rolle spielen: die Ermittlung der Gegebenheiten, der Handlungsmöglichkeiten, der Entscheidungsfindung, des Urteils, der normativen Grundlagen etc. Die moderne Politik muss ständig verschiedenartige Diskursarten verbinden – die Illusion der Einheitlichkeit kann dabei durchaus entstehen und den Widerstreit vorübergehend vergessen oder erträglich machen. Alles in allem ist das Deliberative aber außerordentlich schwach und zerbrechlich, während das Narrative, die mythische Erzählung, die Geschichtsphilosophie fester, stärker, verbindlicher sind. Das Narrative ist eine Diskursart, das Deliberative ist nur eine lose Anordnung davon, »und dies reicht auch, um das Vorkommnis und den Widerstreit darin sprießen zu lassen«[135].

Dies ist im Kern die politische Ethik Lyotards. Im Grunde handelt es sich um eine demokratische Pluralismustheorie, die gerade die Verschiedenheit der Diskurse garantieren möchte. Lyotard baut dieses theoretische Konzept aber nicht weiter aus, insbesondere verzichtet er auf eine Rezeption moderner partizipativer Pluralismustheorien, wie sie sich bei Ernst Fraenkel und John Rawls finden.[136] Ein derartiger eher konstruktiver Ansatz wäre für Lyotard offenbar zu fremdartig gewesen.

Seine praktischen Ideen sind denn auch eher pessimistisch. An George Orwells *1984* zeigt er auf, wie schon die Entscheidung des Romanhelden Winston, heimlich ein Tagebuch zu führen, ein Widerstandsakt ist.[137] Aber im Übrigen ist eine sehr weitgehende, allgemeine Vorherrschaft des ökonomischen Diskurses, des Kapitals zu befürchten. Zwar verschärft sich dadurch eher der Widerstreit, es liegen aber keine Garantien für den Fortschritt zum Besseren darin. Eher sind alle Zeichen ambivalent. Die Geschichtsphilosophien, die mit eindeutigen Vorhersagen arbeiten, haben am Ende des 20. Jahrhunderts allesamt ein Gefühl der Enttäuschung bei den Zuschauern hinterlassen.

Der Widerstand nationalistischer Gemeinschaften ist kein wirklicher Gegensatz zur Vorherrschaft des Kapitals. Das ist Lyotards Antwort auf Konzepte einer Revolution von der Dritten Welt her, auf den an Frankreichs Universitäten bis in die 1980er Jahre verbreiteten und noch heute nicht ausgestorbenen *tiermondisme* (vielleicht mit Drittweltismus zu übersetzen). Die Idee einer weltbürgerlichen Geschichte rückt durch derartige Konzeptionen eher wieder in die Ferne. Was bleibt?

»Das einzige unüberwindliche Hindernis, auf das die Hegemonie des ökonomischen Diskurses stößt, liegt in der Heterogenität der Satz-Regelsysteme und Diskursarten, liegt darin, dass es nicht ›die Sprache‹ und nicht ›das Sein‹ gibt, sondern Vorkommnisse. Das Hindernis besteht nicht im ›Willen‹ der Menschen im einen oder anderen Sinn, sondern im Widerstreit. Dieser wird gerade aus der Beilegung der vorgeblichen Rechtsstreitfälle neu geboren. Er mahnt die Menschen, sich in unbekannten Satz-Universen zu situieren, selbst wenn sie nicht das Gefühl verspüren sollten, dass etwas in Sätze ›gesetzt‹ werden muss. (Denn dies ist notwendig, nicht verpflichtend). Das *Geschieht es?* kann von keinem Willen zum Zeitgewinn besiegt werden.«[138]

Zum Widerstreit müsste im Grunde ein zweiter Band geschrieben werden, der eine Theorie der Diskursgerechtigkeit entwickelt. Mag sein, dass ein Widerstreit sich nicht auflösen lässt – genau wie gegensätzliche Interessen unvereinbar erscheinen mögen. Anders als im Denken muss aber im Alltagsleben trotzdem eine Lösung der Differenzen, zumindest in der Art und Weise, damit zu leben, gefunden werden. Wenn es einen Streit um etwas gibt, bedarf es einer Auflösung. Man kann es auf einen Kampf ankommen lassen, dann wird sich eine Position durchsetzen; sobald man aber anfängt zu diskutieren und auf diesem Wege Lösungen sucht, ist man schon mitten in der Moral, denn dann wird man sich um allgemein akzeptable Lösungen bemühen.

Lyotard hatte die Situation des Widerstreits so definiert, dass hier kein Diskurs möglich sei, weil die unterschiedlichen Positionen nur in unterschiedlichen Diskursarten sich artikulieren können. Lyotards Beispiel: Das Wirtschafts- und Sozialrecht »kann zwar den Rechtsstreit zwischen den Wirtschaftspartnern schlichten, nicht aber den Widerstreit zwischen Arbeitskraft und Kapital«.[139] Die Arbeiter werden Marx zufolge gerade, indem es rechtmäßig zugeht, ausgebeutet. Die Berufung auf das Arbeits- und Sozialrecht nützt ihnen gegen diese rechtmäßige Ausbeutung überhaupt nichts; denn dieses Recht regelt nur die Modalitäten der Ausbeutung. Gegen die Ausbeutung selbst würden sie nur erfolgreich mittels eines Umsturzes des Rechts- und Gesellschaftssystems angehen können. Genau das ist, vom gegebenen Rechtssystem her gesehen, natürlich vollkommen illegal.

Es ist dies die berühmte, von allen linken Radikalen wieder und wieder diskutierte Aporie des Reformismus: Was er zur Verbesserung des Rechtssystems im Interesse der Arbeiter erreicht, macht es auch erträglicher, so dass die Revolution in weitere Ferne rückt, denn diese hat als notwendige, nicht hinreichende Voraussetzung gerade eine als unerträglich empfundene Situation. Man muss sich allerdings vor Augen führen, dass diese Aporie nur aufgrund bestimmter Prämissen des linken Radikalismus sich ergibt: nämlich, dass eine aus einer unerträglichen Situation geborene Revolution die erwartete Verbesserung tatsächlich mit größerer Sicherheit und in größerem Umfang bringen würde als eine partielle Verbesserung des Rechtssystems. Hierzu hat vor allem Richard Rorty wichtige Diskussionsbemerkungen vorgetragen, die im übernächsten Kapitel behandelt werden sollen.

Der *Widerstreit* ist kein Buch, das eine Lösung anbietet. Um seinen Geist zu charakterisieren, ist möglicherweise am besten Wittgensteins Aphorismus Nr. 125 aus den *Philosophischen Untersuchungen* geeignet: »Die bürgerliche Stellung des Widerspruchs, oder seine Stellung in der bürgerlichen Welt: das ist das philosophische Problem.«[140] Statt »bürgerlich« müsste man in unserer heutigen Sprechweise »gesellschaftlich« oder »sozial« einsetzen.

Ergänzend soll noch ein wichtiges Problem im *Widerstreit* und in Lyotards Philosophie überhaupt erläutert werden, nämlich das Problem Auschwitz. »Auschwitz« in Anführungszeichen, so wie der Name hier steht, wird in Lyotards Texten als Chiffre für einen nicht darstellbaren Schrecken verwendet. Die Verwendung von »Auschwitz« in dieser Weise ist angeregt durch Adornos *Meditationen zur Metaphysik*, den letzten Abschnitt der *Negativen Dialektik*. Adorno wie Lyotard gemeinsam ist das Bewusstsein, dass philosophisches Denken, dass Darstellung überhaupt diesem Ereignis nicht angemessen ist.

Lyotards Reflexion geht allerdings einen eigenen Weg. Er befasst sich ausdrücklich mit der von Robert Faurisson (1929-2018), einen französischen Holocaust-Leugner und Neonazi vorgetragenen These, dass die Existenz der Gaskammern nicht belegbar sei – keiner habe sie tatsächlich mit eigenen Augen gesehen. Zeugen müssten tot sein oder wären, wenn sie überlebt hätten, nicht in den Gaskammern gewesen. Diese Debatte mit ihrem reichlich zynischen Argument hat in Frankreich große Wellen geschlagen und in Deutschland zu dem gesetzlichen Verbot geführt, die Massenvernichtung der Juden durch die Nationalsozialisten in Zweifel zu ziehen. Lyotard diskutiert die Einwände gegen die Beweismöglichkeit für diese Verbrechen sehr ernsthaft – für meine Begriffe zu ernsthaft, weil es offenkundig ist, dass Opfer nicht mehr aussagen können und Spuren beseitigt wurden. Lyotard berücksichtigt nicht, dass es ja auch den Indizienbeweis, das Geständnis einiger Mittäter und die Aussage von Zeugen gibt, die die Ereignisse beobachtet haben; es gibt Spuren, z.B. die herausgebrochenen und gesammelten Goldzähne der Opfer und die Abrechnungen darüber. Lyotard kommt aber zu den gleichen Schlüssen, zu denen man auch, wie hier angedeutet, mit kriminalistischen und juristischen Argumenten kommen könnte: Es gab Gaskammern, man kann das formulieren, und es ist auch möglich, mit hinlänglicher Autorität darüber zu sprechen.[141]

Viele zur genauen Zählung der Opfer notwendige Dokumente wurden vernichtet, einen Beweis für die genaue Zahl wird man nicht erbringen können. Dieses Ereignis bringt aber ein Gefühl hervor: Lyotard versteht Auschwitz als ein Geschichtszeichen, das eine gewisse Unbestimmtheit beinhaltet. Nach der Zerstörung vieler Indizien, nach der Verunmöglichung von Zeugenaussagen bleibt ein Gefühl, ein Schmerz, der einen Widerstreit anzeigt, etwas, das nicht in normale Kategorien eines Rechtsstreits fassbar ist. Das Nürnberger Tribunal, das die siegreichen Alliierten 1945/46 durchführten, war insofern nicht hinreichend begründet: Der Verbrecher konnte »in seinem Richter nur einen Verbrecher mit größerem Waffenglück sehen«[142]. Lyotard verlang vom Historiker, er solle

> »mit dem Monopol, das dem kognitiven Regelsystem von Sätzen über die Geschichte eingeräumt wird, brechen und das Wagnis auf sich nehmen, auch dem Gehör zu schenken, was im Rahmen der Regeln der Erkenntnis nicht darstellbar ist. [...] In dieser Hinsicht ist Auschwitz die wirklichste Wirklichkeit. Sein Name markiert die äußerste Grenze, an der sich die Kompetenz der Geschichtswissenschaft zurückgewiesen sieht. Daraus folgt nicht, dass man in den Bereich des Un-Sinns eintritt. Die Alternative lautet nicht: Entweder die von der Wissenschaft aufgestellt Bedeutung oder die Absurdität, Mystik eingeschlossen.«[143]

Das ist Lyotards Konsequenz aus der französischen Auschwitz-Diskussion. Er macht aus der mangelnden Feststellbarkeit der Zahl der Opfer einen Beleg für seine Konzeption des Widerstreits, für seine Idee, dass hier nur ein Gefühl angemessen sei, wo die Kompetenz der Geschichtswissenschaft nicht ausreicht. Es ist zwar ein rational eingrenzbares, beschreibbares und begründbares Gefühl, deshalb ist Lyotards Anspruch, nicht in Un-Sinn verfallen zu sein, durchaus berechtigt. Es bleibt aber ein Affekt – und damit sind wir wieder bei Kant und der Theorie der Geschichtszeichen.

Wird »Auschwitz« so als Chiffre des Nicht-Darstellbaren verstanden, ist dieses Ereignis in Gefahr, eine Spielmarke, eine Belegkarte im philosophischen Spiel zu werden. Möglicherweise ist es deshalb angemessen, im Bewusstsein der immensen Schwierigkeiten dennoch die Darstellung zu wagen, die Kartographie des Unrechts, wie es die israelischen Historiker im Gedenkzentrum *Yad Vashem* in Jerusalem tun, die wissenschaftliche Materialsammlung und Eingedenken nicht als zwei einander ausschließende Haltungen anzusehen.

9. Die Grundlagenkrise der modernen Wissenschaften

Seit dem Ende des 19. Jahrhunderts befinden sich die Naturwissenschaften in einer Grundlagenkrise. Die Wissenschaftspraxis räumt den technischen Verfahren einen immer größeren Vorrang ein und verstellt dadurch zunehmend den Zugang zum Anderen des Denkens, zum Sein.[144] Alle scheinbaren Evidenzen, die festen Halt für Erkenntnisgewissheit bieten könnten, werden ihrerseits durch den Erkenntnisfortschritt ständig kritisiert und zurückgewiesen. Letztlich wird Gewissheit nur noch gesucht in der Perfektheit der rationalen Konstruktion selbst. Hier nun setzt Lyotards uns schon bekanntes Argument ein: »Russells Aporie, Hilberts Scheitern und Gödels Beweis drücken die Unmöglichkeit dieser Aufgabe aus: Das Aufstellen von Regeln vollzieht sich nicht innerhalb solcher Regeln. Für den Logiker ist diese Unmöglichkeit gebunden an die Paradoxie selbstreferentieller Aussagen.«[145]

Wenn man dieser Argumentation folgt, muss man den Gedanken der Letztbegründung aufgeben. Aber: Die krisenhafte Situation ist damit nicht gelöst. Russells Konzept verbietet schlicht selbstbezügliche Aussagen, so dass sich die Philosophie spaltet: In die kontinentale Philosophie, »die auf der Reflexion über die Grundlagen insistiert und die Widersinnigkeit einer Selbstbegründung auf sich nimmt«[146], und die anglo-amerikanische Philosophie inklusive des emigrierten Wiener Kreises der logischen Positivisten, die Begründungsansprüche per Dekret ausschließen.

Wie aber findet man den Zugang zur »Realität«, zum »Äußeren«? Lyotard deutet einen Weg an: »Damit sich die Vernunft Objekte vorstellen kann, ist es wenigstens notwendig – auch auf die Gefahr hin, von Grund auf und fortgesetzt das Vorstellungsverfahren abzuändern – dass etwas sich zeigt.«[147]

Das ist die Frage nach der »Gebung«, der »Öffnung« oder, Lyotard zitiert hier Martin Heidegger, nach der »Lichtung«. Er weist allerdings sofort darauf hin, dass diese Frage nicht nur diejenige Heideggers war, sondern schon die von Kant. Dessen wissenschaftstheoretisches Denken kann als der Versuch angesehen werden, zwischen den beiden gegensätzlichen Strömungen des Rationalismus und des Empirismus einen Denkweg zu finden, der die richtigen Bestimmungen beider Seiten aufnimmt. Rationalistische Erkenntnistheorien betonen bzw. verabsolutieren den Anteil des Verstandes an der Erkenntnis, der Empirismus wird von Hobbes, Locke, Berkeley und Hume vertreten, der Rationalismus von Descartes, Spinoza, Leibniz. Kants Lösungsversuch hatte darin bestanden, dem Verstand nur soweit Gültigkeit einzuräumen, als er sich auf Bereiche bezieht, die Gegenstand möglicher Anschauung werden können. Er hatte die Geltung rationalistischen Denkens also beschränkt auf den empirisch zugänglichen Bereich.

Vor diesem Hintergrund nun setzt Lyotard sich mit Karl-Otto Apels *Letztbegründung* auseinander. Apels Argument besteht darin, dass die Situation des sinnvoll Argumentierenden für uns schlechthin unhintergehbar ist, weil diese Situation sich selbst nur argumentativ bestreiten lässt. Diese Voraussetzung ist reflexiv aufdeckbar, deshalb heißt dieses Konzept auch reflexive Letztbegründung.[148] Hinter der Argumentationssituation weitere Geltungsansprüche suchen zu wollen ist sinnlos, weil diese wieder nur argumentativ vertreten werden könnten. Wer etwas bezweifelt oder bestreitet, z.B. die philosophische Letztbegründung, behauptet gleichzeitig immer etwas, nämlich, dass es sich nicht so verhält, oder, dass es nicht sicher sei, ob es sich wirklich so verhält. Wer aber etwas behauptet und damit einen Geltungsanspruch erhebt, macht damit gleichzeitig eine ganze Reihe von Unterstellungen, ohne die diese Handlung sinnlos wäre, z.B. es gibt Geltungsansprüche, eine Sprache, Äußerungen, Adressaten, einen Sprecher, Regeln, eine Welt, identifizierbare Ereignisse, Objekte – diese Liste ist nicht abgeschlossen. Diese Unterstellungen, die jemand machen muss, um überhaupt sinnvoll zweifeln zu können, sind aber ihrerseits vor jedem möglichen Zweifel sicher – sonst würde der Zweifel sich selbst aufheben oder, anders gesagt, gar nicht sinnvoll geäußert werden können.[149]

Hier hat man den in der Philosophie seltenen Fall eines wirklich gewissen, als unbestreitbar hingestellten Arguments. Es wäre genau der archimedische Punkt des Denkens, dessen Existenz Lyotard immer in Zweifel gezogen hat. Es ist klar, dass bloße Einwände von Seiten Lyotards hier nicht ausreichen würden. Er trägt ein Gegenkonzept vor, das in einen sehr elementaren Bereich der Realitätswahrnehmung vordringt, und wir werden zu überlegen haben, ob nicht auch dieses Gegenkonzept auf so etwas wie einen letzten Punkt zusteuert.

In philosophischer Perspektive sind diese Überlegungen der aufregendste Teil in Lyotards Denken, deshalb will ich sie auch dort, wo Lyotard kurz und dunkel ist, in der sachangemessenen Ausführlichkeit und möglichst für jeden nachvollziehbar darstellen.

Grundlagenreflexion ist ein besonders schwieriger Teil philosophischen Denkens, nicht so sehr wegen der Komplexität, sondern vielmehr deshalb, weil wir es gewohnt sind, immer von Voraussetzungen auszugehen. Wo in einem Schritt zurück gerade die Voraussetzungen ermittelt werden sollen, hinter denen es keine weiteren mehr gibt, neigt das Denken dazu, in eine eigentümliche Unbeweglichkeit und Hilflosigkeit zu verfallen, sich an eingelernten dogmatische Formeln festzuklammern oder sich auf Glaubenssätze zurückzuziehen. Apel wie Lyotard (übrigens auch Adorno in der *Negativen Dialektik*) sind Philosophen, die genau hier weiterzudenken versuchen. Das macht eine Auseinandersetzung mit ihren Überlegungen auch dann sinnvoll, wenn man ihre Lösungsvorschläge nicht akzeptieren kann.

Lyotard trägt gegen Apel drei Einwände vor.

Erstens: Apel hält die Bedingungen des argumentativen Sprachspiels für vorrangig gegenüber der sinnlichen Gebung. Das durch Anschauung Gegebene existiert in Apels Konzeption nur insofern, als es in der Argumentation angeführt wird. Dagegen Lyotard: Vernünftige Letztbegründung kann »nicht allein«[150] in den Bedingungen argumentativer Pragmatik gefunden werden. Zumindest muss jeder Argumentation, die auf Wirklichkeit bezogen ist, das Moment des »Zeigens« abverlangt werden. Das würde selbst dann gelten, wenn dieses Gegebene »technisch hervorgebracht wäre durch Apparaturen«[151]. Lyotard erinnert an seine These aus dem *Postmodernen Wissen*, dass das Entscheidende am kognitiven Verfahren nicht so sehr in der Suche nach einem Konsens bestehe, sondern in der Fähigkeit, den Dissens hervorzubringen, um die Argumentation wiederzubeleben. Das setzt natürlich voraus, dass »Tatsachen« produziert werden. Dafür sind die Naturwissenschaftler, die einer empirischen Pragmatik verhaftet sind, im Grunde viel empfänglicher als der Philosoph Karl-Otto Apel. Für die Naturwissenschaften konstatiert Lyotard: »Es ist ihnen wesentlich, so technisiert sie auch sein mögen, das zu unterstellen, was man ein neu Gegebenes nennt, und folglich, ob sie wollen oder nicht, dass es eine Gebung, ein ›Außerhalb‹ der argumentativen Sphäre, gibt.«[152] Nach dem oben Gesagten dürfte deutlich sein, dass dieser Gedanke dem der Anschauung bei Kant, dem empiristischen Moment in Kants Philosophie entspricht.

Zweitens: Lyotard hält Apels Argument, die Regeln des Sprachspiels »Letztbegründung« seien die eines jeden Spiels und besäßen damit universelle kommunikative Geltung, für problematisch. Im Bereich der Gefühle würde das Argument etwa so aussehen: Gefühlsmäßige Argumentationen verstießen zwar gegen das Prinzip vom zu vermeidenden Widerspruch und auch gegen das Verbot einer *petitio principii* (wenn sie auch nur wieder in Gefühlen begründet sind), aber dies beweise ja gerade, dass die Vernunftprinzipien auch im affektiven Denken vorausgesetzt bleiben – denn sonst könnte man nicht gegen sie verstoßen. Lyotard fühlt sich hier an das sophistische Argument der Umkehrung *(antistrephon)* erinnert: Die Leidenschaft verleugnet die Vernunft, folglich erkennt sie sie an. Ein noch offenkundiger unsinniges Beispiel wäre vielleicht: Die Atheistin leugnet Gott, folglich erkennt sie ihn an. Lyotard vermutet hier bei Apel eine Art »Fatalismus Hegelscher Inspiration«[153]. Im Übrigen scheint es sich bei Apels Beschränkung der Erkenntnisart auf die Argumentation um einen Beschreibungsirrtum zu handeln. Es gibt bei der Suche nach den Überzeugungen verschiedene Arten von Überredungsweisen, die miteinander unverträglich sind, so dass der Erkenntnisdiskurs keineswegs rein argumentativ ist, sondern vielmehr eine gewisse Nähe zur Umgangssprache aufweist. Lyotard nennt:

- Einen Überzeugungsversuch.
- Einen Versuch zu gefallen.
- Einen Versuch zu siegen.
- Einen Versuch zu überreden.
- Einen Versuch, etwas in einer Beschreibung »sichtbar zu machen«[154].

Daraus folgt: Entweder ist die argumentative Rationalität nur eine Diskursart unter anderen. Dann wäre es irrational, ihr Kriterium auf alle anderen auszuweiten. Oder, so scheint die hegelianisierende Tendenz bei Apel nahezulegen, man bezeichnet die in allen Spielen implizierten Voraussetzungen als »rational«, »dann sind die irrationalen Arten oder Spiele rational in diesem Sinne« [155]. Die Probleme dieser zweiten Denkmöglichkeit hatte Lyotard aber, wie eben dargestellt, im affektiven Diskurs aufgezeigt.

Drittens: Lyotards dritter Einwand entspricht von der Struktur her dem ersten. Der entscheidende Punkt in Apels Letztbegründungsargument ist die Reflexivität. Der Anlass für sie ist offenkundig der Einwand des Dialogpartners. Damit bleibt Apels Denken »innerhalb der Grenzen des gegenwärtigen Logozentrismus«[156], d.h. der sprachlichen Vernunftwelt. Lyotard möchte demgegenüber darauf hinaus, dass der Anlass der Reflexion etwas Äußeres, Heterogenes ist, etwas Gegebenes, Unmittelbares oder Präreflexives. »Logozentrismus« ist zunächst einmal mehr ein Vorwurf als ein Einwand, denn es könnte ja unvermeidlich sein, so zu denken. Es könnte ja auch sein, dass unser Denken eine notwendig argumentative Struktur hat und jegliche »Außenwelt« selber nur wieder in der Form des Denkens reproduzieren kann, dass also der Gedanke des unmittelbar Gegebenen ein Widerspruch in sich wäre.

Schon im *Widerstreit* hatte Lyotard zwar von der Sprache her argumentiert, also, wenn man so will, von der Ebene des *logos*, des Wortes, aber das Außen doch in den Blick bekommen. Auschwitz war für ihn »etwas Neues in der Geschichte«, das nur ein Zeichen und keine Tatsache sein kann[157], bei dem ein Gefühl bleibt, ein Unrecht, ein Schweigen, etwas, das wahrgenommen werden kann, aber gleichwohl »nicht darstellbar«[158] ist. Heidegger hatte das Konzept des An-Denkens vertreten. Im Grunde läuft Lyotards Philosophie genau darauf hinaus. Er setzt Apel einen solchen Versuch des An-Denkens des Heterogenen entgegen. Es kommt ihm darauf an, das Präreflexive, das Vorab des Seins, eine Art »Kindheit des Denkens«[159] gegen die Argumentationsphilosophie zu setzen, die dann, wenn man dies Bild weiterverfolgt, die erwachsene Stufe des Denkens wäre, die den unmittelbaren Zugang zur Welt verloren hat.

Auch bei anderen »postmodernen« Philosophen findet sich diese Erinnerung, z.B. bei dem Italiener Gianni Vattimo: »Das An-Denken ist jenes Denken, das das Sein als das Andere erinnert, das die ›Differenz als Differenz‹ denkt; das nämlich das Sein als etwas denkt, das sich nicht mit dem Seienden identifiziert.«[160] Um seine Heidegger-Anknüpfung in diesem Punkt annehmbar zu machen, weist Vattimo darauf hin, dass in einem gewissen Sinn das An-Denken auch die kritische Tragweite des Denkens zurückfordert, gegenüber der Negativität einer abstrakten Situation, in der die Menschen die Fähigkeit verloren haben, sich auf alternative Instanzen gegenüber der jetzigen Ordnung zu berufen.[161] Hiermit spielt er auf Adornos *Negative Dialektik* an. Heideggers Differenz von Sein und Seiendem ist zu einem der Vorbilder für die verschiedenen Philosophien der Heterogenität geworden, die als postmodernes Denken zusammengefasst werden können.

Erstaunlich genug ist, dass Adornos Absichten in der *Negativen Dialektik* in eine ganz ähnliche Richtung gehen. Der Habermas-Schüler Albrecht Wellmer stellt sie deshalb als eine »Philosophie der Postmoderne« dar.[162] Adornos Kritik gipfelt in dem Versuch, das begriffliche Identifizieren als Schein zu entlarven, weil die Gegenstände und Eigennamen, die unter Begriffen zusammengefasst werden, in Wahrheit gar nicht identisch sind. Es ist die paradoxe Denkfigur, mit dem Begriff gegen den Begriff zu denken, paradox deshalb, weil das Nicht-Identische umschrieben, das Undenkbare doch zu denken versucht wird.

Es sind Welten, die Adorno und Heidegger politisch voneinander trennen; die Betonung des Nicht-Identischen oder der Differenz ist aber eine irritierende Gemeinsamkeit, die einen Reflexionskern postmoderner Philosophie ausmacht. Dies sicher nicht deshalb, weil man sich vorgenommen hat, Adorno und Heidegger zusammendenken zu wollen, sondern weil man ziemlich verzweifelt gedankliche Lösungsansätze für offenbar aporetische Grundlagenprobleme sucht, in die die Philosophie des 20. Jahrhunderts geraten ist.

Die Gemeinsamkeit zwischen Adorno und Heidegger zeigt auch, dass ein in der Politik für die Orientierung offenbar unverzichtbares Lagerdenken so nicht auf Grundlagenfragen der Philosophie übertragbar ist. Gianni Vattimo und Lyotard haben einige wichtige Gedanken Heideggers rezipiert – das beweist aber genauso wenig, dass sie rechts stünden, wie eine Adorno-Rezeption schon der Ausweis der Zugehörigkeit zur Partei der Emanzipation ist.

Wir sind hier an dem Punkt, wo man auf jene »Zweideutigkeit« kommen muss,

»die für viele Strömungen kennzeichnend ist, die heute unter dem Titel der Postmoderne genannt werden: Ob es sich nun um alternative soziale Bewegungen handelt oder um ›post-moderne‹ Wissenschafts- und Kulturtheorien – vom erkenntnistheoretischen Anarchismus Paul Feyerabends bis zum französischen Post-Strukturalismus. Es ist die Zweideutigkeit von Bewegungen, von politischen und theoretischen Impulsen, die auf der einen Seite gegenüber einer technokratisch pervertierten Moderne auf die Verteidigung kommunikativer Strukturen ausgerichtet sind, also auf die Verteidigung von Bedingungen, ohne deren Erhaltung die Moderne das ihr eigentümliche Potential an Humanität unter sich begraben müsste; und die auf der anderen Seite häufig genug mit der Abkehr von der technokratischen Moderne den Rückzug aus der Moderne überhaupt proklamieren. Wo Letzteres geschieht, wird die Kritik am technokratischen Rationalismus zum Irrationalismus, der Kontextualismus zum Partikularismus, der Kult der Bodenständigkeit zur bloßen Mode oder – schlimmer – zur Regression, und die Wiederentdeckung der symbolischen Funktion der Architektur zur ideologischen oder autoritären Geste.«[163]

Kritik an überdrehter und gefährlicher Technologie kann auch irrationale Regression sein; Ökologie auch heimattümelnder Bodenkult; Ablehnung des moralischen Universalismus kann auch die Akzeptanz blutrünstiger Rechtssysteme bedeuten; die Wiederentdeckung des Ornamentalen in der Architektur kann auch zum kitschigen Betonschmuck werden usw. Diese Zweideutigkeiten (eigentlich sind es Mehrdeutigkeiten) sind für die Postmoderne insofern charakteristisch, als sie auf ein Denken zurückverweisen, das ein perspektivisches Sehen lehrt und dadurch versucht, den verschiedenen Möglichkeiten gerecht zu werden. Einheitliches und eindeutiges Denken wird allerdings nicht mutwillig aufgegeben – vielmehr wird gerade seine Grundwidersprüchlichkeit herausgearbeitet und so seine Unhaltbarkeit gezeigt.

Eine politische Partei, die die Emanzipation durch konsequente Vereinheitlichung der Interessen anstrebt, produziert den innerparteilichen Terror; wo sie an die Herrschaft kommt, auch den nach außen. Ein Emanzipationsbegriff, der nur *eine* Art von Freiheit zulässt, verfällt der Selbstaufhebung. Es sind auch elementare politische Erfahrungen, die zu diesem pluralistischen Rationalitätsbegriff geführt haben. Es scheint so zu sein, dass andere Konzepte, auch etwa die Heideggers, in das Denken hineingenommen werden müssen. Muss irgendetwas ausgegrenzt werden? Sicher. Lyotard hat das im *Widerstreit* am Fall Auschwitz deutlich genug dargelegt.

Der Leitfaden seines Denkens ist aber nicht die Heidegger-Rezeption, sondern eine Umdeutung zentraler Gedanken aus Kants *Kritik der Urteilskraft*. Ich sage Umdeutung und nicht Interpretation, weil er Kant in einer sehr eigenen Weise gegen den Wortlaut auslegt und sich in einigen grundsätzlichen Punkten auch ausdrücklich von ihm absetzt. »Wenn es stimmt, dass die Schönheit keine Eigenschaft des Objekts ist, dann muss man auch sagen, dass der Geschmack nicht die Eigenschaft eines Subjekts ist«[164] – vielmehr ist der Geschmack eher ein Gefühl, das vor dem Subjekt liegt, das das Subjekt überhaupt erst konstituiert. Es ist im Grunde eine ursprüngliche Ausrichtung auf das Andere. »Das Rätsel der Ästhetik im eigentlichen Sinne, dasjenige, das dabei ist, das ontologische Rätsel (dass es überhaupt etwas gibt) abzulösen, ist das unmittelbare Übergehen von Formen in Gefühle.«[165]

Zur Verdeutlichung: Der Begriff »Ästhetik« meint bei Kant einerseits das Wahrnehmungsvermögen für die Kunst, andererseits, in einem weiteren und grundlegenderen Sinn, das sinnliche Wahrnehmungsvermögen überhaupt. Lyotards Interpretation siedelt sich auf der Grenzlinie zwischen diesen beiden Bedeutungen an. Über Geschmacksurteile lässt sich nicht argumentativ disputieren, der Übergang des ästhetischen Gefühls von einem Individuum zum anderen ist durch rationale Argumentation nicht möglich, sondern nur ohne solche Vermittlung, z.B. durch ein stillschweigendes Teilhaben.[166] Es gibt offenbar so etwas wie eine ideale Gefühlsgemeinschaft, »eine Kindheit der Gemeinschaft, eine Transsubjektivität, die der Konstitution individueller Subjekte vorausgeht«[167]. Hierfür verwendet Lyotard den Ausdruck »gestaltbildendes Plasma«[168], weil hieraus überhaupt erst die Vermittlung, die Argumentation, die kritische Logizität, ja, das Werk Kants selbst hervorgehen.

Die Reflexion über das Geschmacksurteil führt also letzten Endes dort, wo nicht mehr ausgereifte Verfahrensregeln eingeübter Sprachspiele gelten, nämlich beim ästhetischen Gefühl, auf dies Plasma, auf diese »Geburtsstätte«, und keineswegs auf eine argumentative oder kognitive Bühne.[169] Die Formulierung »Plasma« hält Lyotard selbst für problematisch, weil metaphysisch. Es wäre natürlich möglich, dieses letzte Ergebnis der Reflexion als Mythos oder als Fabel zu erzählen; Lyotard betont aber, dass »eine solche Zuflucht dem zum Kritizismus gebildeten Geist widerstrebt«[170]. Deshalb schlägt er statt »Plasma«, was ja eine Art Verdinglichung wäre, den Begriff »passive Synthese« vor, also einen Prozessbegriff für die nicht gesteuerte Zusammenstimmung der Einbildungskraft. Sein Fazit: »Die Grundlage der kritischen Vernunft besteht weder in der Logik noch in der Pragmatik und auch nicht in der subjektiven Evidenz, sondern in der ursprünglichen Empfänglichkeit für das Ereignis, dass Gegebenes ist. Ohne diese Aufnahme des Anderen, das das Geheimnis der Kritik ist, gibt es nichts zu denken.«[171]

Im Zusammenhang mit dieser These ist es wichtig, daran zu erinnern, dass die »ideale Gefühlsgemeinschaft« kein vor-argumentativer Ursprung ist, sondern etwas, das jede Kultur für sich auf sehr willkürliche und widerspruchsvolle Weise hervorbringt. Es handelt sich um etwas Empirisches und immer erst Produziertes, was aber geltungstheoretisch nichts beweist. Gerade die künstlerische Moderne hat praktisch gezeigt, in welchem Maß das Gefühl des Schönen eine Illusion sein kann. Kunst ist heute durchweg von Reflexivität geprägt, von dem Versuch, das Gefühl des Schönen oft schon im Ansatz zu ersticken oder wenigstens zu irritieren, den Betrachter zum Stutzen zu bringen. Vor einer schwarz eingefärbten Leinwand von Ad Reinhardt ist wohl weder das Gefühl des Schönen noch des Erhabenen angemessen, sondern vielmehr die Reflexion über die Möglichkeiten und Grenzen von Kunst oder darüber, ob dies nun als ein nicht überschreitbarer Endpunkt der Malerei (jedenfalls der Ölmalerei) angesehen werden kann.[172]

Das empirisch Gegebene, und sei es das Gefühl, ist allenfalls, was die Entstehungsgeschichte, die Genesis angeht, ein Letztes oder Ursprüngliches noch vor der Argumentation. Was die Geltung betrifft, ist die Argumentation mindestens gleichrangig – denn sie könnte, wie soeben geschehen, die Frage stellen, ob nicht statt eines gefühlsmäßigen Einklangs vielmehr eine Reflexion angemessen wäre. Wenn dann gesagt würde: Nein, man muss das Gefühl respektieren usw., ist das auch nur wieder eine Argumentation, weil nämlich der Geltungsanspruch oder das Recht des Gefühls begründet wird und sich nunmehr argumentativ ausweist gegenüber anderen Ansprüchen, die ebenfalls geltend gemacht werden, z.B. anderen Gefühlen oder eben Vernunftansprüchen.

An diesem Beispiel zeigt sich, dass Apels Argumentation[173] tatsächlich unhintergehbar ist. Es zeigen sich aber auch, ganz im Sinne Apels und gegen ein naheliegendes Missverständnis, die (selber reflexiv herauszuarbeitenden) Grenzen des Argumentierens: Es wäre illegitim und argumentativ nicht begründbar, nun etwa jedem Gefühl sein Recht abzusprechen.

Lyotard ist kein »Vernunftkritiker«. Er sucht im Grunde nach einer präreflexiven Vernunftgrundlage vor aller Argumentation. Er hält ursprüngliche Empfänglichkeit dabei durchaus für vernünftig – er verwendet also einen weiteren Vernunftbegriff. Charakteristisch für die Situation der Postmoderne ist nach Lyotards Meinung, dass die Ästhetik im weiteren Sinn, d.h. »die Empfänglichkeit für die Gebung des Anderen nach räumlichen und zeitlichen Formen, die die Grundlage für die kritische und romantische Moderne abgibt, sich zurückgedrängt, geschwächt und zum Widerstand gegen die tatsächliche Vorherrschaft der wissenschaftlich-technischen und pragmatischen Vereinnahmung des Zeit-Raums gezwungen sieht«.[174]

Mit der Grundlagenkrise der Naturerkenntnis, mit der Entwicklung einer nicht-euklidischen Geometrie, der Axiomatisierung der Arithmetik und der nicht-newtonschen Physik gewinnt der Begriff den Vorrang vor der Anschauung.[175] »So ist die Perspektive auf eine begriffliche Erkenntnis oder ein System eröffnet, das aus reiner Argumentation erwächst und, weil bloß begrifflich, keine Mittel hat, seine Objektivität auf einer Berufung auf passive Synthesen zu gründen, die das Gegebene für seine Aufnahme durch den Verstand vorstrukturieren.«[176]

Die zunehmende szientistische Verbegrifflichung des Denkens führt zu einer Unempfindsamkeit für das Gegebene. Lyotard hält es für nützlich, in den verschiedenen Lebensbereichen außerhalb des streng begrifflichen oder des wissenschaftlichen Denkens, z.B. Theater, Politik, Theologie, Ökonomie, Mythologie, die unzähligen Hinweise wieder aufzunehmen, »die mit einem obsoleten Wahn im abendländischen Denken brechen, mit dem Wahn eines Entzugs der Formen der Gebung zugunsten der Vorherrschaft des Kalküls und des Geschmiedeten« [177]. Er spielt an auf den wissenschaftlich-technischen Teufel in Goethes *Faust*, auf moderne Kunst (im Gegensatz zu dem oben angedeuteten Versuch, ihren Kern als Reflexivität zu sehen), als Suche nach dem verlorenen Zeit-Raum etc. Der wissenschaftliche Verstand hat die Aufgaben an sich gezogen, die früher die Anschauung hatte. Daraus folgert er für das Menschenbild: Das ist eine Abstraktion, die im Grunde die Menschen von ihrer irdischen Rolle als Lebewesen befreit.

War seine Haltung zur modernen Technologie im *Postmodernen Wissen* noch eher von Neugier geprägt und ambivalent, so ist sie hier im grundsätzlichen Bereich uneingeschränkt kritisch. Er hält die Logizismen für begriffliche Trugbilder, für die Etablierung einer Allmacht des Konstruierens, des *fingere* (dessen Bedeutung sich von »gestalten« zu »fingieren« ändert) und des *fabricare* (Schmiedens).[178] Sein Begriff der »Postmoderne« ist damit ebenfalls sehr viel kritischer und distanzierter geworden. Ihre Grundlage ist die »Unempfindsamkeit«.[179] Es ist sicherlich nicht falsch, Lyotard als einen Philosophen der Postmoderne zu kennzeichnen; er ist allerdings kein Freund der postmodernen Wirklichkeit, wenn damit die gegenwärtige Entwicklung der Techno-Wissenschaft gemeint ist.

Er ist das Gegenteil eines Neokonservativen in Habermas' Sinn, denn dazu gehört die Bejahung des technischen Fortschritts und dementsprechend natürlich auch des szientistischen Denkens. Wir haben Lyotard im *Widerstreit* als Denker der Vielheit, der Heterogenität kennengelernt. Schon dort war eine Reihe von Anzeichen dafür zu entdecken, dass die sprachphilosophisch begründete Unvereinbarkeit der Diskursarten nicht das letzte Wort sein würde. Auf der Ebene der Sprache ist die Heterogenität in der Tat unvermeidlich – deshalb wendet er sich gegen jede Konsenstheorie und diskursive Letztbegründung, die er noch der Ebene des Logozentrismus, also eigentlich des Verstandes, zurechnet. Die Vernunft fasst er weiter, denn die unmittelbare Empfänglichkeit für das Gegebene kann ja durchaus auch vernünftig sein. Hat Lyotard auf dieser sehr ursprünglichen, vordiskursiven Ebene damit vielleicht doch so etwas wie eine Vernunfteinheit hergestellt, etwa in Gestalt der »passiven Synthese« oder deren metaphorischer Verdinglichung im »Plasma«?

Ich bezweifle das, weil die passive Synthese im Grunde das unvermittelte Hinübergleiten der Vielfalt des Gegebenen in die Wahrnehmung ist. Lyotard umgeht oder überspringt damit zwei traditionell entscheidende Momente des Denkens: Das Bewusstsein und das Subjekt, weil diese immer erst die Auswahl treffen aus der unstrukturierten Mannigfaltigkeit der Erscheinungen, aus den endlosen Strömen der Eindrücke, die auf uns einwirken.

Er versucht, sich eine Wahrnehmung vorzustellen, die gerade nicht von der ständig möglichen Vergewisserung des »ich denke« begleitet ist. Er versucht, die Wahrnehmung ohne bewusstes Subjekt zu denken und damit auch ohne Einheit. Er möchte begriffslose Wahrnehmungsweisen wieder in ihr Recht einsetzen. Wenn man von einer Geschichte des Denkens her argumentieren will, in der die Begrifflichkeit immer größere Räume erobert, die zunächst der Anschauung vorbehalten waren, dann handelt es sich bei dem, was Lyotard vorschwebt, um eine Art Schritt zurück, eine Erinnerung an das Gegebene, das Andere des Begriffs, das auf Grund des Allmachtswahns des Logozentrismus in der permanenten Gefahr ist, vergessen zu werden.

10. Der Streit um die politische Verortung von Lyotards Denken

10.1. Richard Rortys Kritik an Lyotard

Der amerikanische Philosoph Richard Rorty hat die bislang ausführlichste und gründlichste Kritik an Lyotard von einem politischen Standpunkt aus vorgetragen. Rorty geht aus vom pragmatischen Denken John Deweys (1859-1952) und bezeichnet seinen eigenen Standpunkt als den eines westlichen sozialdemokratischen Intellektuellen.[180] Die beiden Elemente dieser Grundhaltung sind parlamentarische Demokratie und Wohlfahrtsstaat.

Rorty bezweifelt Lyotards Hauptthese, dass es inkommensurable und unübersetzbare Diskurse gibt. Man muss zwischen zwei Thesen unterscheiden: »1. Es gibt keine universelle Sprache, die ein Idiom bereitstellt, in das man jede neue Theorie, jede poetische Sprache und jede Eingeborenenkultur übersetzen könnte. 2. Es gibt Sprachen, die nicht erlernbar sind.«[181]

Nur die erste These ist von Thomas S. Kuhn, Wittgenstein und der anthropologischen bzw. ethnologischen Tradition her vertraut. Die zweite These ist nach Rorty dagegen nicht haltbar. Schon wenn man mit linguistischen Mitteln Sprechhandlungen beschreibt, findet man ja einen Zugang; und wenn irgendwelche Regelmäßigkeiten auftreten (das ist die Bedingung einer Sprache), ist sie letztlich auch entschlüsselbar und erlernbar. Vor allem gibt es eine Basis von lebensweltlichen Gemeinsamkeiten. Zum Beispiel wird die Anthropologin, die ein Eingeborenendorf besucht, in einer Reihe von Alltagsfragen mit den Stammesmitgliedern einig sein: Dass man sich vor Giftschlagen in Acht nehmen sollte, dass man bei schlechtem Wetter Zuflucht sucht, dass man Ausdauer und Mut benötigt usw. Wenn man das Erlernen einer Sprache als das Erlernen einer Alltagstechnik, als ein Gewusst-Wie betrachtet, braucht man keine Metasprache, keine Metatechnik, man benötigt »Wissbegierde, Toleranz, Geduld und harte Arbeit«[182]. Es gibt also nur vorübergehende Inkommensurabilitäten. Die Gräben sind nicht, wie Lyotard meint, prinzipiell unüberwindbar. So wird man sich mit jedem sozialdemokratischen oder (im amerikanischen Sprachgebrauch) »liberalen« Reformer leicht darauf einigen können, dass die Überredung besser ist als die Gewalt.

Dies ist die pragmatische Grundüberzeugung. Lyotards Ansatz übertreibt hier die Differenz ins Prinzipielle, während es dem Pragmatiker gerade darauf ankommt, den unlösbaren Widerstreit durch einen entscheidbaren Rechtsstreit zu ersetzen. Natürlich gibt es dabei nur temporäre und begrenzte Übereinkünfte. Lyotard hat sicherlich recht, wenn er das Ende der Suche nach einem großen kommensurablen Metadiskurs konstatiert; er hat aber nicht recht, wenn er darüber hinausgeht, weil vor allem die nützliche Unterscheidung zwischen Überredung und Gewalt nur auf Grund der Annahme gewisser Gemeinsamkeiten des Diskurses durchführbar ist.

Mit dieser Begriffsopposition Überredung/Gewalt hat Rorty natürlich eine Falle aufgebaut, in die Lyotard, wie es wohl den meisten kontinentalen Intellektuellen geschehen wäre, sofort hineingetappt ist. Lyotard machte Rorty auf den grundsätzlichen Unterschied zwischen Überreden *(persuader)* und Überzeugen *(convaincre)* aufmerksam, worauf Richard Rorty nur trocken konterte: Wie soll man diese traditionellen griechischen Unterscheidungen überhaupt machen, wenn man nicht von einer Metaerzählung ausgeht, die beinhaltet, wie sich das menschliche Subjekt von Irrtümern und Vorurteilen befreit.[183] In der Tat, die Unterscheidung zwischen Überreden und Überzeugen setzt eine Philosophie des selbstbestimmten Subjekts voraus, die heute keineswegs mehr selbstverständlich ist. Von Lyotards Theorie her ist diese Unterscheidung nicht zu begründen.

Rorty hatte, um den temporären Charakter politischer Überzeugungen in gut pragmatischer Weise zu betonen, sich sehr bekenntnishaft sozialdemokratisch geäußert. Lyotards Antwort darauf ist bemerkenswert: »Ich habe vielleicht im Grunde keine politische Differenz mit Richard Rorty. Aber wir haben tiefe philosophische Differenzen.«[184]

Lyotard meint mit dem ersten Satz sicherlich die allgemeine politische Richtung. Was die Haltung zu konkreten Fragen angeht, sind die Differenzen dennoch durchaus diskutierenswert. Rorty bemängelt z.B. fehlenden Glauben an die liberale Demokratie bei den französischen Denkern, ihren totalen Anti-Utopismus, ihren Anti-Parlamentarismus. Rorty hält die Doktrin des (Sozial-)Liberalismus für unwiderlegbar – es sei denn, sie würde durch eine bessere Idee für die Organisation der menschlichen Gesellschaft ersetzt. Deshalb möchte er bei der Linie Dewey-Habermas bleiben und Begriffe wie »Überredung statt Gewalt« oder Konsensus als Ausdruck seiner politischen Visionen beibehalten. Er kann nicht begreifen, weshalb Philosophen wie Lyotard die Tendenz haben, bestimmte historische Ereignisse (z.B. den Mai 1968) als Beweis für den Bankrott sozialer Reformstrategien zu nehmen, die sehr viel älter und bis heute stabiler sind.

Möglicherweise sind viele Differenzen zwischen angelsächsischen (wohl auch, in diesem Fall, deutschen) und französischen

Philosophen auf stilistische Unterschiede zurückzuführen. Französisch ist der Gestus der radikalen Kritik, angelsächsisch die Haltung, dass alle ohnehin die gleiche Sprache sprechen, dass Fragen der Vokabeln »bloß verbal« sind. Wichtig ist vor allem jedoch der Unterschied zwischen reformistischer und revolutionärer politischer Haltung. Für französische Intellektuelle ist jede seriöse Politik ohne weiteres revolutionär, für Angelsachsen ist seriöse Politik reformistisch, und revolutionäres Denken gilt als intellektueller Exhibitionismus.[185]

Wie schon bei der Verwendung des Begriffs »postmodern« handelt es sich hier wieder um eine der Stellen, an denen wir einen Unterschied der »Tonart« zwischen verschiedenen Arten des Philosophierens feststellen müssen. Den in Deutschland üblichen Irrationalismusvorwurf kann Rorty gegen das französische Denken nicht erheben, weil er sehr bewusst von einem »unkritischen« Rationalitätskonzept ausgeht, das Rationalität mit »überredend« und Irrationalität mit »Gewalt hervorbringend« übersetzt.[186] Gewalttätigkeit unterstellt Rorty dem französischen Diskurs allerdings nicht.

10.2. Der Streit um Lyotard in Deutschland

Es gibt in der Bundesrepublik so etwas wie eine Schicht der Polemik, die sich vor eine eigenständige Auseinandersetzung mit französischen Theoretikern zu schieben droht, eine eigentümliche Art der Abwehr. Eine Art Gründungsdokument dafür ist Jürgen Habermas' Rede »Die Moderne – ein unvollendetes Projekt«, die er 1980 aus Anlass der Verleihung des Adorno-Preises in der Frankfurter Paulskirche gehalten hat.[187] Wirkungsvoll war vor allem seine Typologie von drei modernismuskritischen Strömungen:

Die Jungkonservativen (Bataille, Foucault, Derrida), die mit modernistischer Attitüde einen unversöhnlichen Antimodernismus vertreten.

Die Altkonservativen (Hans Jonas, Robert Spaemann), die die Rückkehr zu Positionen vor der Moderne empfehlen.

Die Neukonservativen, die die Entwicklung der modernen Wissenschaft begrüßen, aber den explosiven Gehalt der kulturellen Moderne entschärfen und die Politik von moralisch-praktischen Rechtfertigungen freihalten wollen.[188]

Für die dritte Gruppe nennt Habermas keine aktuellen Namen. Es ist auch, wenigstens in gedruckten, nachlesbaren Texten, nie direkt ausgesprochen worden, dass das Etikett »neokonservativ« Lyotard anzuheften sei. Irgendwie ist diese Polemik aber doch nach Paris gedrungen, und in seinem Essay »Beantwortung der Frage: Was ist postmodern?« reagiert Lyotard sehr irritiert mit dem Hinweis, dass die Postmoderne in der Tat die Vorstellung eines einheitlichen Ziels der Geschichte und eines Subjekts einer strengen Prüfung unterziehen will: »Nicht nur Wittgenstein und Adorno haben diese Kritik begonnen, sondern auch einige Denker, ob nun Franzosen oder nicht, die indes nicht die Ehre hatten, von Professor Habermas gelesen zu werden – was ihnen freilich erspart, sich wegen Neo-Konservatismus eine schlechte Zensur zuzuziehen.«[189]

Aber auch dieses Bekenntnis – immerhin zu Adorno – reichte nicht, um das Etikett aus der Welt zu schaffen. Der von Verletztheit zeugende Hinweis an Habermas, doch endlich Lyotard zur Kenntnis zu nehmen, half nichts. 1985 veröffentlichte Habermas seine große Auseinandersetzung mit dem französischen Neostrukturalismus – Lyotard wird nicht behandelt.[190]

Seyla Benhabib, die in Starnberg in den Umkreis von Habermas geraten war, wiederholte das Schlagwort. Für sie »eröffnet der Niedergang des klassischen Marxismus die Möglichkeit einer postmarxistischen, radikalen, demokratischen Politik. Es steht zur Debatte, ob das von Lyotard vorgeschlagene Konzept des Polytheismus und der Agonistik zu diesem Vorhaben beiträgt, oder ob unter der Tarnung Postmoderne ein Neokonservativismus in der Avantgarde der 1980er Jahre entsteht.«[191] Ganz ähnlich heißt es bei Gérard Raulet, einem französischen Germanisten: »Man könnte ihn, nach Habermas' Kriterien, durchaus als ›Neu-Konservativen‹ (neben Lübbe oder Luhmann) bezeichnen.«[192]

Das alles wurde im Tone der Besorgnis vorgetragen, wirkte aber wie eine üble Nachrede und war gewiss auch so gemeint. In einem Gespräch mit Raulet erklärte Lyotard deshalb direkt, er fühle sich »keineswegs als Neo-Liberalist im Sinne von Habermas«[193]: »Ich verkünde keinen Neo-Konservativismus, nein. Ich bin ihm recht feindlich gesinnt, finde ihn verlogen und plump.«[194] Lyotard bezieht sich auf den Nord-Süd-Konflikt, das Problem der Dritten Welt, den Gegensatz von Arbeit und Arbeitslosigkeit und bemerkt dazu: »An dieser Stelle bin ich nicht neo-liberal und bleibe Sozialist, im alten Sinne des Sozialismus.«[195]

Das sind Bekenntnisse – aber wie soll man auf schlagwortartige Etiketten und Verleumdungen anders als mit Bekenntnissen antworten? Ganz fruchtlos sind sie denn auch nicht geblieben. Emil Angehrn, ein neutraler Schweizer Philosoph, spricht in seinem Literaturbericht »Krise der Vernunft?« fair und zutreffend von einem linken Postmodernismus Lyotards. Die ganze Problematik solcher Etikettierungen zeigt sich aber daran, dass Richard Rorty im gleichen Atemzug zum »bürgerlichen« Postmodernisten gestempelt wird.[196] Solche Zurechnungen erfolgen ohne eindeutige Kriterien, sie sind also willkürlich, aber zugleich außerordentlich wirkungsvoll – sie wirken nämlich als Rezeptionsvorgaben, die entweder von vornherein die Lektüre bestimmter Texte verhindern oder aber der Leserin und dem Leser eine bestimmte perspektivische Lektüre nahelegen, die insbesondere bei schwierigen Texten, die zudem noch neue Ideen und Gedanken enthalten, zu fatalen Missverständnissen führen kann, vor allem dann, wenn die Kommunikationsgemeinschaft im Umkreis des Lesepublikums – von den gleichen Schlagworten geprägt und gesteuert – ähnlich denkt und redet und die Rezeptionsirrtümer sich so gegenseitig bestätigen.

Wirklich interessant wird Kritik erst dort, wo sie sich auf Grundgedanken einlässt. Das ist bei Albrecht Wellmer der Fall, der »mit Lyotard von einer irreduziblen Pluralität ineinander verschachtelter Sprachspiele in jeder modernen – oder postmodernen – Gesellschaft« ausgeht.[197] Wellmer fragt weiter: Wie soll dann aber eine Gerechtigkeit ohne Konsens entstehen? Ist Lyotards Forderung des freien Zugangs der Öffentlichkeit zu den Speichern und Datenbanken nicht die klassische Forderung der Aufklärung nach einer frei diskutierenden Öffentlichkeit? Wenn dies so ist, wäre das »eine überraschende Bestätigung der Grundidee von Habermas' Theorie der kommunikativen Rationalität«[198].

In einer Kernfrage wären die scheinbaren Antipoden also einig – und ihre Vorstellung würde Marx' Idee von den »frei assoziierten Produzenten« entsprechen. Das Problem scheint gar nicht so sehr die Grundidee zu sein, vielmehr die Gewichtung:

»Was Lyotard beinah nur in Nebensätzen erwähnt – und dies ist charakteristisch für den gesamten postmodernistischen und postempiristischen Anarchismus – ist das Problem, um das sich die Freiheitskämpfe der unterdrückten Völker, die Emanzipationsbewegungen unterdrückter Minoritäten, der Kampf für eine demokratische Psychiatrie, ja letztlich alle Konflikte und Krisen der industriellen Gesellschaft heute drehen, ohne dass irgendjemand sagen könnte, wie und in welcher Form sich die Idee einer allgemeinen, individuellen und kollektiven Selbstbestimmung der Individuen, Gruppen und Völker verwirklichen ließe. Was Lyotard für die Ebene des postmodernen Wissens formuliert hat, wäre für die Ebene einer postmodernen Praxis erst noch zu formulieren. Das würde aber bedeuten, die demokratischen und universalistischen Ideen der Aufklärung in eine politische Philosophie zu übersetzen, in der der Pluralismus der ›Sprachspiele‹ als ein Pluralismus von Institutionen wiederkehrt.«[199]

Wellmers Denkansatz läuft auf eine Pluralismustheorie hinaus, die den demokratischen Universalismus der Aufklärung mit einer Wiederaneignung der Marxschen Problemstellung verbindet. Ich sehe in der Tat für Lyotards offene Frage der Gerechtigkeit keine andere Lösung. Sein Dogma von den nicht ineinander übersetzbaren Sprachspielen, von den Vermögen, die »durch einen Abgrund voneinander geschieden sind«[200], müsste dann allerdings aufgegeben werden zugunsten eines Konzepts »pluraler Rationalitäten«[201], die nicht miteinander »versöhnt« werden müssen, wohl aber von Fall zu Fall durchlässig sind. Letztlich beruhen die verschiedenen Sprachspiele ja tatsächlich und unausweichlich auf der Grundlage einer gemeinsamen Lebenswelt.

Lyotards Gedanke von der prinzipiellen Heterogenität der Sprachspiele wird auf Dauer der Kritik nicht standhalten können. Die Sprache ist zwar heterogen, die Suche nach Metaebenen wird schnell aporetisch, aber es gibt Vorgaben, weil man sich in einer gemeinsamen Umwelt bewegen muss. Man muss sich einfach über eine Reihe von Fragen präskriptiver wie kognitiver Art verständigen, wenn man gesellschaftlich existieren will. Deshalb ist die Suche nach Übergängen unvermeidlich. Diese können durchaus sprachlich sein – sie müssen nicht vorsprachlich sein, sie müssen nicht durch das Gefühl des Schönen oder Erhabenen erzeugt werden. In den unmittelbaren Gefühlsformen des Sich-Verständigens steckt immer die Gefahr, dass Kritikfähigkeit und Reflexion ausgeschaltet werden, dass man sich nicht mehr fragt: »Was mache ich hier eigentlich?«, oder, um es mit einem Wort zu sagen, die Gefahr, dass man einer Massenpsychose zum Opfer fällt (die auch eine Gruppenpsychose sein kann).

Die gedankliche Mühe, die verschiedenen Diskursarten streng zu trennen, nicht vom Sein zum Sollen überzugehen, wie man doch spontan immer geneigt ist, zeigt meiner Meinung nach, dass Übergänge der Sprache immer schon innewohnen. Es ist richtig, zu kritisieren, dass die scheinbare Einheit der Sprache eine Illusion der Denkeinheit erzeugt. Wer aber *mit logischen Gründen* eine Metasprache ausschließt, erkennt letzten Endes doch etwas Übergeordnetes an: Das Logische.

Philosophische Einheitstheoretiker betonen üblicherweise allein diesen Aspekt. Man muss sich jedoch vor Augen führen, dass das Logische die Mannigfaltigkeit der Sprachmöglichkeiten kaum wirksam strukturieren kann und dass es aus inneren Gründen (siehe Kapitel 4 über Gödel) immer wieder auf Aporien führt. Lyotard betont deshalb den Aspekt der Pluralität. Es ist viel mehr als eine Geschmacksfrage, es ist eine Frage der Perspektive, ob man, wenn unlösbare Widersprüche auftreten, die Notwendigkeit ihrer Vermeidung betont oder ob man den Akzent auf die Notwendigkeit ihres Zustandekommens setzt. Lyotards Stärke liegt im Letzteren. Diese unterschiedliche Fragerichtung dürfte der Kern der Differenz mit Habermas sein.

11. Von der Postmoderne zum heimlichen Dialog mit Habermas

Eine Art vorläufiges Schlusswort in der Postmoderne-Debatte hat Lyotard im Februar 1988 im Kunstmuseum Bern gesprochen:

»Ich habe bekanntlich selbst den Terminus postmodern verwendet. Das war eine etwas provokative Art und Weise, die Debatte über die Erkenntnis ins volle Licht zu rücken. Die Postmoderne ist keine neue Epoche, sondern das Redigieren einiger Charakterzüge, die die Moderne für sich in Anspruch genommen hat, vor allem aber ihre Anmaßung, ihre Legitimation auf das Projekt zu gründen, die ganze Menschheit durch die Wissenschaft und die Technik zu emanzipieren. Doch dieses Redigieren ist, wie gesagt, schon seit langem in der Moderne selbst am Werk.«[202]

Das Wort *»réecrire«*, in dem englisch gehaltenen Vortrag »to rewrite«, hätte ich allerdings nicht mit »redigieren«, sondern mit »überarbeiten« übersetzt. Die Moderne überarbeiten – das ist, in drei Worten, Lyotards Konzept. Nicht Moderne und Postmoderne sind die entscheidenden Gegensätze, sondern Moderne und Klassik. Lyotards Selbstdarstellung als »alter Kontinentalphilosoph«[203] hat sich weit entfernt vom letzten libidoökonomischen oder postmodernen Chic, wofür sein Name bislang und spätestens seit dem *Widerstreit* zu Unrecht als Chiffre galt. Die eben zitierten Sätze hätten auch von Jürgen Habermas ganz ähnlich formuliert werden können. Das Altern der Moderne legt zweifellos auch für ihn eine Überarbeitung nahe.

Deutlich sagt Lyotard allerdings auch, dass er sich die »Durcharbeitung«[204] als eine Art psychoanalytischen Prozess vorstellt. Voraussetzung ist ein willensfreies Erinnern in einer gleichschwebenden Aufmerksamkeit, die der Analytiker gegenüber dem Patienten beachten soll, die man aber auch in Prousts *Auf der Suche nach der verlorenen Zeit*, in Walter Benjamins *Einbahnstraße* oder *Berliner Kindheit um 1900* oder in Montaignes *Essays* findet.[205] Lyotard versteht diesen Vorgang als Anhören des Gefühls: »Kein Räsonnement, kein Argumentieren, keine Vermittlung.«[206] Habermas hatte den psychoanalytischen Prozess demgegenüber als rationale Hermeneutik interpretiert. Lyotard scheint in seinem Vortrag die beiden Momente Räsonnement und Gefühl zu sehr polarisiert zu haben. Er bricht an dieser Stelle deshalb ab und ersetzt den unmöglichen Schluss[207] durch einige auf Kants Ästhetik des Erhabenen hinführende Betrachtungen.

Seit Lyotard das Erhabene ins Spiel gebracht hat (siehe Kapitel 7 in diesem Band), hat sich daran bei uns eine ästhetisch-philosophische Debatte entzündet.[208] Der Boden dazu war wissenschaftlich längst bereitet durch eine Art Wiederentdeckung der aufklärerischen Affekttheorie. Die Debatten »Rationalität contra Irrationalismus« waren ermüdend geworden. Dadurch lag der Rückgriff auf ein Konzept des Nichtrationalen nahe, das aber selbst methodisch durchaus rational vorging. Ein Beispiel dafür sind in gründlichen philologischen Arbeiten von Carsten Zelle (*Angenehmes Grauen. Literaturhistorische Beiträge zur Ästhetik des Schrecklichen im achtzehnten Jahrhundert*, Hamburg 1987) und Christian Begemann (*Furcht und Angst im Prozess der Aufklärung*, Frankfurt/M. 1987) vorgetragen worden. In diesen Studien wird deutlich, dass die Aufklärung entgegen den gängigen Vorurteilen über einen Vernunftbegriff verfügte, der keineswegs das rechnende Denken gegenüber dem Gefühl verabsolutierte. Es handelte sich um einen einschließenden Vernunftbegriff, der einsah, dass es vernünftig ist, das Irrationale nicht als feindselige Gegenwelt mit Vernichtungsfeldzügen zu bedrohen, sondern der Erkenntnis zugänglich zu machen. Lyotard hat durch seine Studien zum Enthusiasmus und zum Erhabenen[209] viel zur Popularisierung solcher Überlegungen beigetragen, die sich zuvor in gelehrsamer Verborgenheit entwickelt hatten.

Sein sehr ernsthaftes Engagement für diese Residualkategorien des Nichtrationalen lässt Lyotard mitunter allerdings Momente einer eher freigeistig-spöttischen Distanz übersehen, wie man sie z.B. in Shaftesburys *Brief über den Enthusiasmus* (1708) studieren kann. Enthusiasmus war für Shaftesbury vor allem eine Art von religiösem Fanatismus, den man dringend dem *»test by ridicule«*, dem »Probierstein des Spotts« aussetzen musste. Allein die religiösen Empfindungen, die diesen Spott vertragen könnten, seien es wert, gesellschaftlich akzeptiert zu werden. Gegen falsche religiöse Fanatismen bedürfte es des »good humour« als Gegengift.[210]

Eine weitere dieser Residualkategorien des Nichtrationalen, nämlich das »Inhumane«, hat Lyotard zum Titel einer wichtigen Aufsatzsammlung gewählt. Der Begriff ist angelehnt an Adornos Paradoxie über die Kunst: »Treue hält sie den Menschen allein durch Inhumanität gegen sie.«[211] Seine Position zum Inhumanen versucht Lyotard ebenfalls als Paradoxie aufzubauen. Er trägt eine Kant-Interpretation vor, die besagt, das Moralgesetz müsse im strikten Sinne inhuman sein, weil es unsere empirische Humanität, nämlich unsere allzu menschlichen Neigungen, die Begrenztheit der Einzelbedürfnisse, notwendig transzendiere. Kant vertritt nach Lyotards Interpretation gerade keinen »Humanismus«, weil das Humane im empirischen Sinne das Pathologische, das Sündhafte, das radikal Böse verkörpere. »Ein Mensch zu sein, heißt, im Unrecht sein: Jeder Humanismus ist pathologisch.«[212] Kant ist in dieser – etwas gewagten – Auslegung allerdings auch kein *Anti*humanist, denn authentisches Denken ordnet Lyotard jenseits dieses Gegensatzes an. In seiner Deutung enthält das Inhumane gleichzeitig die Kräfte des Destruktiven, die die Menschlichkeit bedrohen, und die Kraft, ihnen Widerstand zu leisten.[213]

Lyotard, dessen Name bei uns zunächst Assoziationen auslöste, die zwischen Chaos und Zauberklang changierten, wird mittlerweile in Deutschland tatsächlich gelesen und – nachdem die ersten Bataillen der Polemik überstanden sind – auch bis in die Einzelheiten diskutiert. Sogar eine Art zögerlicher Debatte mit seinem Antipoden Habermas hat sich entwickelt. Zwar hat der deutsche Meisterdenker sich bis heute noch nicht selbst mit Lyotard auseinandergesetzt und wird es in seinem Leben gewiss auch nicht mehr tun, aber die Idee des Diskurses erwies sich als so übermächtig, dass an seiner Stelle Manfred Frank ein »Geistergespräch« zwischen den beiden erdacht hat, das ein ganzes Buch füllt. »Da ein Dialog zwischen Lyotard und Habermas über Dissens und Konsens nicht existiert, muss er konstruiert oder richtiger: erfunden werden.«[214] Das ist ein ebenso originelles wie vielversprechendes Konzept mit überraschenden Einsichten. Frank versucht nämlich zwei Momente möglicher Übereinstimmung zwischen Habermas' Diskurstheorie und Lyotard herauszuarbeiten. »Der gewaltfreie Diskurs hat gerade das Ziel, im Interesse der begründeten Konsensbildung alle Dissense aufkommen zu lassen und niemals einzuschränken, also etwa durch nicht-argumentative Mittel zu verhindern.«[215] Jenseits der mitunter provozierend harmonistischen Rhetorik, mit der Habermas und Apel ihre Theorie vorzutragen pflegen[216], ist bei ihnen durchaus Raum für die Nichtübereinstimmung. Die übergreifende regulative Idee bleibt allerdings der Konsens. Es geht eigentlich nur um die Einpassung heterogener Elemente in das Theoriekonzept. Lyotard dagegen versucht, dem Problem durch eine gänzlich andere *Denkstrategie* gerecht zu werden, nämlich durch die Wiedererarbeitung von Randbegriffen aus der philosophischen Tradition (Enthusiasmus, Erhabenes, Inhumanes, Widerstreit). Es liegt hier ein Unterschied der Methoden vor: *Rationale Rekonstruktion*, wie sie Habermas und Apel für sich in Anspruch nehmen, versus *interpretative Begriffsbildung* bei Lyotard. Die behandelten Probleme sind, wenn nicht gleich, so doch eng verwandt. Der Gegensatz liegt in den Denkstrategien.

Habermas und Lyotard stimmen im Grunde darin überein, dass nach dem Absterben der traditionellen Metaphysik Geltungsansprüche nicht mehr mit dem Anspruch auftreten können, ein absolutes Fundament zu haben. Daraus zieht Habermas »aber nicht den Schluss der totalen Relativität und Arbitrarität allen Argumentierens, sondern den der Notwendigkeit, über die Geltung unserer Behauptungen durch Konsensbildung uns zu verständigen«[217]. Manfred Franks Fazit: In diesem nachmetaphysischen Denken ist Habermas »nicht minder postmodern als Lyotard«.[218] Diese Wendung mag zunächst überraschen. Aber sieht man von den Territorialkämpfen der Meisterdenker ab, dann sind Habermas' Suche nach Auswegen aus den Aporien der kulturellen Moderne und seine lebensweltliche Neufundierung des hohen Abstraktionsgrades universalistischer Ethiken durchaus in der gleichen postmodernen Theoriesituation verankert wie die Überlegungen Lyotards. Auch hier macht die Denkstrategie die Differenz. Gegen die strenge Deduktion der kontrafaktischen Notwendigkeit des Konsenses steht die *Konsensskepsis*, die aus der Analyse der Alltagssprache und dem Blick für die Aporien und Paradoxien heraus schon in den Grundlagen der neuzeitlichen Weltmodelle begründet ist.[219]

Die Frage nach dem Konsens hat Lyotard in dem Band *Streifzüge* noch einmal aufgegriffen. Er kommt zu dem Schluss, dass Sprachen letzten Endes, so schwierig es im Einzelfall auch sein mag, ineinander übersetzbar sind. Deshalb sei nicht die Kommunikation das Problem, über das man sich Sorgen machen müsse, sondern vielmehr die hinreichende Komplexität der Argumentation und vor allem auch des Gefühlsausdrucks, der ästhetischen Sensibilität. Der einzige Konsens, um den wir uns kümmern müssten, sei der, welcher die Heterogenität oder den »Dissens« ermutige. Genau das dürfte der Konsens sein, dessen Unumgänglichkeit er mit seinen Argumenten zu begründen versucht. Lyotard ist ein entschiedener Gegner eines materialen Konsensdenkens, in dem das Leben harmonistisch ausgerichtet würde. Er trägt aber, obwohl es manchmal den Anschein hat, kein wirklich stichhaltiges Argument gegen die Grundlage pluralistischen Denkens vor, die im Basiskonsens darüber besteht, dass man (bestimmte) Dissense gelten lassen soll. In der ethischen oder praktischen Gemeinschaft bleibt nach Lyotards Ansicht Argumentation darüber möglich und notwendig, wie die zu beurteilenden Angelegenheiten bewertet werden sollen.

»Darüber hinaus kann man sagen: Je zahlreicher die Dispute, die Debatten, die dialektischen und rhetorischen Versuche, andere zu überzeugen oder zu überreden, je entwickelter die Verantwortung gegenüber der moralischen Idee ist, desto reifer ist das, was Kant die ›Kultur des Willens‹ nennt. So wäre es nicht absurd, in diesem Feld so etwas wie einen Fortschritt zu skizzieren, in dem Maße, wie mehr und mehr Situationen, die vorher als naturgegeben und über jeden Verdacht erhaben, sozusagen instinktiv oder habituell waren, Gegenstand des Urteils und der Erwägung werden. [...] Im politischen Feld, so sehr es von drängenden Notwendigkeiten bedroht ist, kann ein Zeichen für solchen Fortschritt in der Bewusstheit von Menschen für republikanische Prinzipien gefunden werden.«[220]

12. Der Heidegger-Skandal

Heidegger in Frankreich: Das ist eine Erfolgsgeschichte der Nachkriegszeit, die in einem Skandal endete. Heideggers Renommee ist verfallen wie der Kurs eines Börsenpapiers. In Paris spricht man von »le krach de la philosophie«.[221] Derrida, Lyotard, Lacoue-Labarthe und andere haben nach dem Erscheinen von Victor Farias' Buch *Heidegger und der Nationalsozialismus* (1987) in eigenen Büchern ausführlich Stellung genommen.

Lyotards *Heidegger und »die Juden«* erschien 1988 in Paris und wurde noch im gleichen Jahr übersetzt. Es ist eine philosophisch-politische Auseinandersetzung. Zur Person Heideggers hat Lyotard sich nur gesprächsweise und in einem Interview geäußert: »Es geht auch nicht um die Person Heidegger. Beaufret hatte mich zum ersten Seminar deutscher und französischer Studenten nach Freiburg zu Heidegger mitgenommen. Das war 1947. Und ich muss sagen, dass mich die Persönlichkeit erschreckt hat. Mit ihrer schwäbisch-schwarzwälderischen Seite. Das war etwas ganz Schreckliches. Aber mir war das auch sehr nützlich .... Aber das hat keinerlei Wichtigkeit, lassen Sie das bitte weg.«[222]

Leider nur »off the record«, aber dank der *taz* doch dokumentiert, zeigt sich hier die immense emotionale Distanz des urbanen Pariser Studenten gegen den Philosophen aus der Provinz. Politisch war Heidegger für Lyotard in gewisser Hinsicht ein noch schlimmerer Nazi als die NS-Ideologen Rosenberg, Krieck oder Goebbels. Heidegger vertrat eine Art von »revolutionärem

Extremismus.«[223] Diese Deutung bezieht sich auf Victor Farias' Hypothese, Heideggers Version des Nationalsozialismus sei an der SA Ernst Röhms orientiert gewesen.

Lyotard bemüht sich jedoch, eine deutliche Trennungslinie zwischen Heideggers Denken und seiner Politik zu ziehen. »Denn das Denken überschreitet den Kontext, in den es gestellt ist. [...] Heideggers Denken besticht, wie man weiß, durch die Beharrlichkeit, mit der es seinen Kontext neu, abermals liest. Unabgesetzt, unnachgiebig. Sein Werk geht gänzlich in der Lektüre auf.«[224] Den Kern von Heideggers Denken formuliert Lyotard folgendermaßen: »Es geht also darum, und wird immer darum gehen, abermals zu enthüllen, was die Geste der Enthüllung, in von Platon bis Nietzsche sich fortschreibender Tradition, stets wieder verhüllt hat.«[225] Dieser Prozess der Anamnese und Dekonstruktion, der erinnernden Aufarbeitung und therapeutischen Auflösung, kann nicht als »apolitisch« bezeichnet werden. Aber: »Die Heideggersche ›Politik‹ ›aktiviert‹, verwirklicht ein Denken, das in der Form, wie es in *Sein und Zeit* dargelegt ist, eine Politik zwar erlaubt, aber nicht zu ihr nötigt. Ich würde nicht einmal sagen, dass es sie autorisiert [...].«[226]

Zwischen dem militanten Freiburger Universitätsrektor[227], der Wehrdienst, Arbeitsdienst und Wissensdienst predigte, und seinem Werk *Sein und Zeit* besteht für Lyotard kein direkter Zusammenhang, sondern nur ein indirekter in dem Sinne, dass diese Art von Philosophie den Nationalsozialismus nicht ausschließt. Einen schlimmeren Fehler als das Freiburger Rektorat sieht Lyotard darin, dass Heidegger »bis zuletzt über die Judenverfolgung Stillschweigen bewahrte«.[228] Heidegger hat die Problematik verfehlt, die sich in Auschwitz manifestiert.[229]

Ganz ähnlich wie Lyotard insistiert übrigens Habermas auf diesem Punkt: »Hätte die Rede vom ›wesenhaften Geschehen‹ überhaupt einen bestimmten Sinn gehabt, so hätte das singuläre

Geschehen der Judenvernichtung die Aufmerksamkeit des Philosophen (wenn schon nicht des beteiligten Zeitgenossen) auf sich ziehen müssen. Aber Heidegger hält sich wie stets im Allgemeinen auf [...]. Unter dem nivellierenden Blick des Seinsphilosophen erscheint die Judenvernichtung als ein beliebig auswechselbares Geschehen.«[230]

In der negativen Bewertung von Heideggers Politik (und Charakter) sind Lyotard und Habermas einig, ebenfalls darin, dass sein Denken damit noch nicht als erledigt anzusehen ist. Habermas stellt die These auf, dass sich Heideggers Denken seit etwa 1929 »verweltanschaulicht« habe, so dass *Sein und Zeit* aus dem Jahre 1927, von dem er als Student sehr eingenommen war, in gewisser Weise für die ernsthafte Diskussion gerettet werden kann. Aber auch die Vernunftkritik des späteren Heidegger seit etwa 1931 enthält für Habermas »bleibende Einsichten«[231], jedenfalls solange in seinen Texten die Argumentation und nicht ein Verkündigungsgestus überwiegt.

Lyotard hingegen stellt seine Haltung zu Heidegger als offene und offenzuhaltende Aporie dar. Er ist für ihn einer der größten Denker des Jahrhunderts und gerade derjenige unter den Philosophen, der in seinem radikalen Fragen dem, was sich dem Geist des Abendlandes widersetzt, am nächsten gekommen ist. Heideggers Texte sind jedoch durch sein bleiernes Schweigen über die Shoah fundamental kompromittiert.[232] In diesem Sinne wird Lyotard mit Heidegger »nicht fertig« – er fällt kein abschließendes Urteil, weil er den Anspruch erhebt, über Heidegger auch weiterhin philosophisch zu diskutieren. Aus *Sein und Zeit* Heideggers Nazismus abzuleiten »ist unmöglich«. »Nicht weniger töricht indes wäre zu behaupten, ›*Sein und Zeit* sei offenbar ein apolitisches Werk‹«.[233] Lyotard plädiert für Differenzierungen »zwischen dem, was am Denken selbst politisch ist, dem, was dem Denken fehlt und womit es sich ergänzt, um Politik zu machen, und dem, was das Denken, eben weil es diese Politik erlaubt, verfehlt und vergisst.«[234] Sein Text *Heidegger und »die Juden«* begreift sich als eine Art erste Stellungnahme in dieser Debatte. Eine differenziertere Interpretation der Schriften Heideggers leistet Lyotard hier nicht; er versucht zunächst nur, die Richtung einer solchen Dekonstruktion aufzuzeigen.[235] Er zitiert die in der Tat unglaublichen Sätze Heideggers: »Ackerbau ist jetzt motorisierte Ernährungsindustrie, im Wesen der Sache das Selbe wie die Fabrikation von Leichen in Gaskammern und Vernichtungslagern, das Selbe wie die Blockade und Aushungerung von Ländern, das Selbe wie die Fabrikation von Wasserstoffbomben.«[236]

Diese Stelle galt lange als unbelegt und deshalb apokryph, weil in den früheren gedruckten Fassung dieses Bremer Vortrags von 1949, der er unter dem Titel *Die Technik und die Kehre* veröffentlicht wurde, nur noch stand: »Ackerbau ist jetzt motorisierte Ernährungsindustrie«. So findet es sich auch im Band 7 der Heidegger-Gesamtausgabe, der von Friedrich-Wilhelm von Herrmann herausgegeben worden war. Als die Herausgeberschaft der Gesamtausgabe auf jüngere, kritischere Forscherinnen überging, haben diese tiefer nachgegraben und schließlich auch den Originaltext des Bremer Vortrags neu dokumentiert, nunmehr im Band 79 der Gesamtausgabe.[237]

Lange Zeit war dieser unveröffentlichte, aber unter der Hand immer weitergegebene Passus neben einem Brief Heideggers an Herbert Marcuse der einzige bekanntgewordene Satz Heideggers über die Judenvernichtung. Er ist so skandalös, weil in ihm nicht differenziert, nicht wirklich gedacht wird, sondern die elementaren Unterschiede verdeckt werden. Eben diese Unfähigkeit zur Differenzierung, welche Vergasung und Produktion (sei diese noch so kritikbedürftig) gleichermaßen unter den Begriff des »Gestells« subsumiert, »nötigt Heidegger zu dem bleiernen Schweigen über die Shoah«[238]. Hier liegt Heideggers wahre »Schuld«. Durch die Veröffentlichung von Heideggers privaten Notizbüchern, den sogenannten *Schwarzen Heften* seit 2014, wissen wir, dass er zwar schwieg, aber immer wieder heimlich darüber geschrieben hat – durchaus mit der Absicht, dass diese Notizen nach seinem Tode einstmals veröffentlicht werden sollten. Die Familie, die über den Nachlass wachte, hat diese sehr lange zurückgehalten.[239] Sein Seinsdenken bleibt in dem »abendländischen« Vorurteil befangen, dass das Andere des Denkens das Sein ist. Selbst die Freiheit verdankt sich dem Sein. Er schweigt deshalb über jenes Denken, für welches das Andere das Gesetz ist und für das sich auch die Freiheit dem Gesetz verdankt, also über »die Juden« in Lyotards Anführungszeichen: »Mir scheint, um mich kurz zu fassen – wofür ich um Entschuldigung bitte – , dass ›die Juden‹ in dem mit seiner Selbstbegründung beschäftigten ›Geist‹ des Abendlands dasjenige sind, das sich diesem Geist widersetzt, in seinem Willen, dem Willen zu wollen, dasjenige, das diesen Willen durchkreuzt, und in seiner Vollendung, seinem Projekt und Fortschritt, dasjenige, das stets von Neuem die Wunde des Unvollendeten schlägt.«[240]

Lyotard konnte im Jahre 1988, als er *Heidegger und »die Juden«* schrieb, noch nicht sicher wissen, dass es eine so große Zahl von antisemitischen und seltsamen Äußerungen Heideggers gab, wie wir dies heute tun. Er hatte aber schon seit seiner frühen studentischen Begegnung mit Heidegger die zutreffende Intuition, die ihn vor jeglichem Heidegger-Kult und vor jeglichen Abwiegeleien und Beschönigungen bewahrt hat. Er hat aber auch immer daran festgehalten, dass Heidegger in einigen Punkten die Phänomenologie Edmund Husserls entscheidend weiterentwickelt hat, und dass diese Kerngedanken auch in Zukunft eine ernsthafte philosophische Diskussion verdienen.

Schluss: Was bleibt heute von Lyotard?

Die Lehre von der Postmoderne in der IT-Welt und in der Kunst

Lyotards wirkmächtigstes Buch war *Das postmoderne Wissen*. Er war unter den internationalen Stars der Theorie einer der ersten, der auf höchstem philosophischen Niveau, weit oberhalb der naiven Rhetorik einiger damals schon mit diesen Themen vertrauten IT-Nerds, die zu jener Zeit auf breiter Basis sich durchsetzenden neuen Informationstechnologien in den Blick genommen hat. Sein Plädoyer für Freiräume und kreative Offenheit, seine Polemik gegen eine Performanz, die allein auf kurzfristige Profite ausgerichtet war, ist heute zu einer breiten, sogar vom Universitätssystem und einigen Regierungen unterstützten *Open-Access*-Bewegung geworden. *Das postmoderne Wissen* ist 2019 in 9. Auflage erschienen und wirkt weiter. Das liegt an drei Faktoren: Erstens hatte Lyotard die an Wittgenstein orientierte Sprachspielkonzeption zugrunde gelegt und damit eine philosophische Fundierung erreicht, die in diesem Feld unbekannt war.

Zweitens war die Delegitimierung von bis dahin scheinbar gültigen autoritativen Strukturen einerseits offenkundig, andererseits aber damals nur von wenigen gesehen worden. Da Lyotard dies aber im Unterschied zu den ebenfalls in diesem Kontext publizierenden IT-Nerds nie verherrlicht hat, sondern parallel warnte vor der Durchsetzung rein performanzorientierter Geschäftsmodelle, gehört sein Denkmodell zu den wenigen, die auch heute in den Zeiten von Großkonzernen der Informationstechnologie nicht veraltet sind, sondern sich argumentativ weiterhin auf der Höhe der Problemstellungen befinden.

Drittens bleibt der Versuch des Entwurfs einer neuen postmodernen Wissenschaft auf der Basis von eingebauten Unregelmäßigkeiten, die er nicht nur mit den philosophischen Begriffen Paradoxien und Paralogien markierte, sondern deren weitertreibendes Innovationspotential er als entscheidend hervorhob, ein nicht unwesentlicher Impuls, der eine Verwandtschaft aufweist mit Paul Feyerabends an der Technischen Universität Zürich entwickelten anarchistischen Erkenntnistheorie. Seitdem betont jeder wissenschaftstheoretische oder erkenntnistheoretische Kongress den chaotischen, den keineswegs im wohlgeordneten Marschtritt vorangehenden Charakter der Innovation und Wissenschaftsentwicklung. Hier hat Lyotard einen Nervenpunkt der Wissenschaftstheorie getroffen, der erst heute voll ins Bewusstsein der Beobachterinnen und Beobachter gerückt ist.

Lyotards Lehre von der Postmoderne hat weit über den wissenschaftstheoretischen und technisch-gesellschaftlichen Bereich hinaus ausgestrahlt auf die Malerei, das Ausstellungswesen und von dort aus auch auf die Kunsttheorie und ästhetische Theorie. Denn natürlich sind die Künste in allen Spielarten neben den Wissenschaften ein gesellschaftliches Feld, in dem chaotische Innovationsmodelle unübersehbar weben und wirken. Seine Bücher findet man heute in den meisten Kunst- und Museumsbuchhandlungen, deren Auslagen ohnehin intellektuell oftmals interessanter sind als die philosophischen Bücherkabinette. Die Ästhetik des Erhabenen, die schiere Größe vieler Werke in Malerei (David Hockney, James Rosenquist) und Skulptur (Richard Serra), die radikal auf nonverbale Kommunikation gezielten Regietheaterinszenierungen, die mittlerweile sogar die wichtigen Opernbühnen erreicht haben, sind schlagende Beispiele dafür. Die große Gegenwelt in der Literatur und Malerei ist natürlich die *Ironie* – das Grundmodell von Richard Rorty, der sich auch in der ästhetischen Theorie als der wohl wichtigste Antipode von Lyotard erweist. Deshalb war es in dem hier vorliegenden Band so wichtig, auf Lyotards Debatte mit Richard Rorty einzugehen. Vielstimmigkeit und Dissonanz bleibt das übergreifende Merkmal, denn auch eine ironische Wahrnehmungsschule ist natürlich eine Methode, mit dem letztlich Unvereinbaren, mit dem nicht darstellbaren Unendlichen doch noch irgendwie umzugehen und zurechtzukommen. Denn selbstverständlich kann in einem offenen und chaotischen Feld nicht schon wieder eine einzige Theoriekonzeption als dominant erklärt werden.

Die beharrliche Selbstkritik und Selbstanalyse des einstmaligen linken Radikalismus

Für sehr viele Theoretiker und Philosophen der zwischen 1920 und 1933 geborenen Generation ist es charakteristisch, dass sie in jüngeren Jahren in irgendeinem und sei es auch unorthodoxen Sinne links waren. Auch wenn sie sich später davon abgewendet und distanziert haben, ist ein herausragendes Charakteristikum für sie so etwas wie eine andauernde und beharrlich wiederkehrende, geradezu bohrende Abarbeitung an den Fehlern linker Theorien und Organisationen. Ohne Bezüge, ohne Seitenhiebe auf Marx oder Lenin kommt kaum einer dieser Texte aus – das hat auch die Arbeiten von Lyotard bis zum Schluss durchzogen und geprägt.

Diese Obsession mit den Säulenresten und Trümmern des Marxismus, dieses immer wieder erneute Aufgreifen der Parolen vom Klassenkampf, von der Partei der progressiven Kräfte mag vielen zunehmend auf die Nerven gehen. Einige neuere Theoretikerinnen und Theoretiker der nachfolgenden Generation, wie Judith Butler (geb. 1956), Chantal Mouffe (geb. 1943) und Ernesto Laclau (geb. 1935), möchten dagegen diese quälende Selbstreflexion abschütteln und wieder frisch und frei den Widerstreit der entgegengesetzten linken und rechten Lager (ja, selbst der durch Auschwitz und Gulag so belastete Begriff der *Lager* wird unreflektiert wieder eingesetzt) ausleben. Die linke Generation der Geburtsjahrgänge 1940/50 spricht wieder wie einst Carl Schmitt von Freund und Feind. Sie spricht wie einst die Kommunistische Internationale der Stalinzeit von der Volksfront aller progressiven Kräfte. Sie zeigt die gleiche Verachtung und Verteufelung der liberalen, parlamentarischen Demokratie. Und schlimmer noch: Sie propagiert deren Ersetzung durch einen linken Radikalismus, der sich beschönigend Radikaldemokratie, mitunter auch Basisdemokratie nennt. Allen diesen Überlegungen ist gemeinsam, dass allein die Aktivisten, die Radikalen, die Macherinnen und Macher zählen, nicht aber die Einzelnen. Der und die Einzelne hat aber – dies möchte ich am Schluss dieses Buches betonen – in Wirklichkeit nur dann eine Entfaltungschance, wenn die Voraussetzung einer liberalen Demokratie gegeben ist. Denn nur dort können die Beschlüsse von Mehrheiten gestoppt und begrenzt werden, weil es unveräußerliche Individualrechte gibt und diese auch institutionell durchgesetzt werden. Ich folgere: Auch wenn Lyotard ganz genau wie sein letztlich doch kongenialer Antipode Richard Rorty mitunter ein wenig nerven mögen durch die permanente Selbstkritik und Selbstreflexion linker Denkfehler und Denkverbrechen, so scheint es doch unverzichtbar und sinnvoll zu sein, ihre Obsession als Warnzeichen und Warnmarkierung auch gegenüber neueren und neuesten Ideologien des erbarmungslosen Kampfes um

Hegemonie in den Diskursen (und eben nicht der Verteidigung von berechtigten und begründeten Anliegen) ernst zu nehmen und zu respektieren.

Die Kritik und Nachjustierung der Intellektuellenfunktion

Weiter wirkt bis heute natürlich auch die von Lyotard und seinen Mitstreitern so vehement vorgetragene Intellektuellenkritik der Zeit nach 1973, der durchschlagenden französischen Rezeption von Solschenizyns *Archipel Gulag*. Diese wurde noch verschärft seit dem Tode Jean-Paul Sartres im Jahre 1980. Sie hat sich in praktisch allen westlichen Gesellschaften durchgesetzt und ist dadurch ubiquitär geworden. Diese Kritik war unausweichlich, weil mit komplizierten Ableitungen, die sich im Grunde alle auf gute Absichten beriefen, sei es nun um Russland, Kuba oder Nicaragua gegangen, zu viele unvertretbare Handlungen und autoritäre politische Systeme gerechtfertigt worden waren. Bis zu diesem vor allem von Pariser Theoretikern angestoßen Umbruch gab es gegenüber allen Verbrechen von Aktivisten und politischen Bewegungen, die sich als »fortschrittlich« deklarierten, eine Rechtfertigung. Denn diese begingen ihre Verbrechen mit gutem Gewissen, weil sie sich auf der progressiven und damit guten Seite verorteten. Und wenn das nicht genügte, wenn die Verbrechen unübersehbar wurden, dann ermöglichte das Lagerdenken immer noch, sie dadurch zu rechtfertigen und sich weiterhin ein unbelastetes Gewissen zuschreiben zu können, weil all das ja vielleicht schlimm und schrecklich, aber immerhin als »antifaschistisch« ausgegeben werden konnte. Damit haben Lyotard und mit seinem Denken verwandte Geister Schluss gemacht. Man wird allerdings einschränkend konstatieren müssen: Diese Gedanken waren zwar wirkmächtig, sind aber nicht voll und ganz durchgedrungen. Die mechanischen Selbstrechtfertigungsmuster der Antifa-Ideologie reichen bis zu Wladimir Putins Rechtfertigungen für seinen Überfall auf die Ukraine im Februar 2022.

Durchgedrungen ist immerhin, dass man politisierenden Intellektuellen weniger zuhört. Wenn diese überhaupt noch angehört werden, dann solche, die einen dokumentarischen oder empirisch-naturwissenschaftlichen Hintergrund für sich reklamieren können und auf dieser Basis als vertrauenswürdiger gelten, während die Meinungen und Stellungnahmen des Rests nur noch so wahrgenommen und bewertet werden wie die Äußerungen von jederfrau und jedermann. All dies ist immer noch nicht gründlich genug durchreflektiert, noch nicht gründlich genug aufgearbeitet, so dass die Schrecken jener Geschichte wiederkehren, wie in den düsteren Tagen von Wladimir Putins Überfall auf die Ukraine zu sehen war. Die heutige Widerstandslinie im Sinne Lyotards manifestiert sich in Herangehensweisen, wie z.B. bei Swetlana Alexijewitsch, die 2015 den Literaturnobelpreis für ihre akribische Dokumentationsprosa erhalten hat, oder bei Wladimir Sorokin, dem russischen Dokumentaristen. Die politisch aktiven Intellektuellen sind natürlich nicht untergegangen oder verschwunden, aber ihre Rolle ist durch die Kritik Lyotards und anderer von der Selbstüberschätzung und vom Führungsanspruch abgerückt und so ganz entscheidend begrenzt und nachjustiert worden. Die Widerstandslinie ist von der aufgeklärten Meinungssphäre und der philosophischen Behauptung der guten Absichten und des Dienstes am Fortschritt der Menschheitsgeschichte übergegangen auf die ebenso kühle wie verzweifelte Dokumentation der Fakten.

Von der *Economie libidinale* zu den Lehren von der Diversität

Ein weiteres Erbe Lyotards besteht darin, dass selbst sehr exzentrisch erscheinende Theorien wie die *Libidoökonomie* durchaus Nachfolger gefunden haben, dass Verzweiflung über die eigene körperliche Identität eben auch im Zusammenhang mit politischer Verzweiflung und Neuorientierung stehen und gesehen werden kann. Hier sind aktuelle Theorien der Diversität, also der Dreiheit von *Race, Class und Gender* eine bemerkenswerte Anknüpfung und Fortsetzung. Auch bei diesen Lehren zeigt sich: Die soziale Klasse steht, ganz in der altmarxistischen Tradition offenbar immer noch in der Mitte dieser Dreiheit – so sehr man glaubt, im Denken zu neueren Ufern aufgebrochen zu sein. Die Abarbeitung an den Überbleibseln des Marxismus ist noch immer nicht abgeschlossen.

Setzt man sich aber mit Theoretikerinnen wie Judith Butler näher auseinander, zeigt sich bald, dass ihr Konzept der *Diversität* wie ein direktes Weiterdenken der Inkompatibilitätsmodelle von Lyotard wirkt. Butlers Lehren weisen ja nicht nur die Seite des unreflektierten Kampfes, sondern auch einer tiefen Analytik auf. Denn die eben vorgetragenen Kritikpunkte gegen ihre Lehren von Freund und Feind, gegen ihre Ideologie des Kampfes statt der Überzeugung und der Argumentation verdeckt ja nicht, dass in ihren Behauptungen auch Argumente und Analysen sowie praktische Handlungsaufforderungen enthalten sind, über die jenseits ihres autoritativen Verkündigungsgestus diskutiert werden kann.

Man kann aber auch feststellen, dass solche Lehren dort, wo sie Recht haben und breitere Zustimmung finden, im Kern doch immer wieder auf die Frage der Gerechtigkeit stoßen.[241] Dort, wo solche Gedanken breitere Akzeptanz finden, kann man erkennen, dass dies nicht durch die Lehre von der Gewalt und vom

Kampf geschieht, sondern durch den Appell an das Gewissen und die Meinung der vielen Einzelnen. Das Respektieren gerade von Diversität kann ja nicht mit brutaler Gewalt durchgesetzt werden, obwohl einige Aktivisten- und Aktivistinnengruppen dies für möglich halten und tatsächlich auch praktizieren, sondern nur dadurch, dass sehr viele andere von zustimmungsfähigen Argumenten überzeugt werden. Wollte die Minderheit sich allein durch Lautstärke und Kampfkraft durchsetzen, wie Judith Butler sich das vorzustellen scheint, müsste sie zum Mittel des Terrors greifen. Sie müsste die Übrigen unterdrücken, sei es die Mehrheit einer Gesellschaft oder die vielen dissentierenden Einzelnen und abweichend argumentierenden Gruppen, die nicht einmal in einem totalitären Staat durch Gewalt auf eine Parteilinie oder die Linie der »Progressiven« zu bringen sind. Lyotards Argumente und Warnungen sind gegen all solche totalitären Denk- und Handlungsoptionen gerichtet – darin besteht seine weitergehende Aktualität auch für das 21. Jahrhundert. Der Konsens lässt sich nicht erzwingen, auch nicht auf der Basis scheinbar allerbester Absichten und eines angeblichen »guten Willens«, der sich selbst umstandslos das Recht zubilligt, andere zu tyrannisieren.

Die wichtigsten Theoretiker, die den internationalen Diskurs zwischen 1980 und 2022 bestimmt haben, entstammen durchweg der Generation, die zwischen 1920 und 1935 geboren ist. Dazu gehören Lyotard, Rorty, Foucault, Derrida, Luhmann, Habermas, Apel, Paul Feyerabend, Amitai Etzioni, Charles Taylor, Michael Walzer, John Rawls und Alasdair MacIntyre. Sie alle haben einschneidende Innovationen und neuartige Perspektiven in den philosophisch-theoretischen Diskurs gebracht: Die Lehre von der Postmoderne und vom Widerstreit, die Übertragung der sprachphilosophischen Wende Wittgensteins auf die politische und praktische Philosophie, den Neostrukturalismus, die

Systemtheorie, die Theorie der Gerechtigkeit als Fairness. Keine dieser neuen Ideen ist bis heute in ihren Folgerungen ausgeschöpft. Natürlich hat diese Generation von 1920 an viele Ideen der Vorgängergeneration von 1900 angeknüpft, zu der Adorno, Heidegger, Sartre, Jaspers und vor allem die bedeutende Hannah Arendt gehören. Das gilt für das Ereignis oder das Inkommensurable, das Undarstellbare und die allen gemeinsame, wenn auch durchaus nicht einheitliche Reaktion auf die Judenverfolgung, auf den tiefgreifenden Auschwitz-Schock. Der Spannungsbogen, der das Denken Lyotards umgibt, umfasst durch seine Auseinandersetzung mit Richard Rorty, mit Jürgen Habermas, aber auch mit Niklas Luhmann den Denkhorizont am Ausgang des 20. Jahrhunderts – erfasst aber auch die gedanklichen Weiterentwicklungen unserer Zeit, die immer noch nicht klüger geworden ist als die postmarxistischen Theoretiker einer Welt nach dem Tode Sartres und nach dem Untergang des Marxismus.

Willem von Reijen/Dick Veermann

Die Aufklärung, das Erhabene, Philosophie, Ästhetik

Gespräch mit Jean-François Lyotard

Erste Frage: Herr Lyotard, Sie haben wiederholt gesagt, dass Sie die Perspektive der Sprachspiele aus *La Condition postmoderne* (1979) inzwischen als überholt betrachten.[242] Sie haben *Le Différend* (1984) als Ihr eigentliches philosophisches Buch bezeichnet. Glauben Sie, dass die Polemik, zu der *La Condition postmoderne* herausgefordert hat, die Aufmerksamkeit von Ihren übrigen Werken und im Besonderen von *Le Différend* abgelenkt hat?

Lyotard: Wenn Sie die Frage stellen, ob *Le Différend* von *La Condition postmoderne* überschattet oder ins Abseits manövriert wurde, ist meine Antwort: Ja. *La Condition postmoderne* ist ein Buch, das tatsächliche einiges an Polemik losgetreten hat. Das habe ich nicht erwartet, und es war auf keinen Fall beabsichtigt. Im Nachhinein ist es allerdings verständlich. Wenn man berücksichtigt, dass der Terminus »postmodern«, wie ich angeführt habe, der amerikanischen Literaturkritik und der Kritik der Moderne in den Künsten, im Besonderen der Architektur und der Malerei, entstammt, hätte man auf jeden Fall von dieser Seite Reaktionen erwarten können, denn ich verwende den Terminus in einer Bedeutung, die vollständig von der dort gängigen verschieden ist. Dort bezeichnet er das Ende der Moderne. Ich habe jedoch wiederholt darauf hingewiesen, dass »postmodern« für mich nicht das Ende der Moderne heißt, sondern eine andere Beziehung zur Moderne.

Von der anderen, philosophischen Seite her wird *La Condition postmoderne* eher als ein Buch rezipiert, das der philosophischen Reflexion, wie sie vom Denken der Aufklärung, d.h. des Rationalismus in Gang gebracht wurde, ein Ende setzte. Es ist aber klar, dass *La Condition postmoderne* kein philosophisches Buch ist. Es ist sogar, dem mir aufgegebenen Thema entsprechend, sehr stark wissenssoziologisch und epistemologisch geprägt. Meine Aufgabe war, einen »Bericht« über den Zustand der Wissenschaften in den höchstentwickelten Staaten zu liefern. Die philosophische Grundlage konnte dabei nicht ausgearbeitet werden. Das habe ich übrigens in einem kurzen Vorwort zu diesem Buch angemerkt.

Ich denke, dass die philosophische Grundlage der *Condition postmoderne* mehr oder weniger direkt in *Le Différend* zu finden ist. Wenn ich dieses letztgenannte Buch mein »philosophisches Buch« nenne, dann deshalb, weil ich daran sehr lange, sehr langsam gearbeitet habe. Ich habe es sofort nach der Veröffentlichung der *Economie libidinale* in Angriff genommen (und habe also daran etwa zehn Jahre gearbeitet), während ich wieder angefangen habe, die großen Werke aus der Tradition zu lesen, weil die mir für die Arbeit unerlässlich zu sein schienen. Die treten in *La Condition postmoderne* ja kaum in Erscheinung.

Zweite Frage: Sie haben einigen amerikanischen, besonders jedoch deutschen Philosophen vorgeworfen, einen Terrorismus der Vernunft oder des Konsenses zu betreiben.[243] Diese Philosophen haben Sie ihrerseits verdächtigt, ein Irrationalist zu sein und mit dem – zugegeben schmutzigen – Badewasser das Kind der Aufklärung und der Französischen Revolution ausgeschüttet zu haben. Was halten Sie von diesen Anschuldigungen und der damit verbundenen Stigmatisierung?

Lyotard: Ich denke, dass ein Teil der Vorwürfe, Angriffe und Kritik, die sich gegen die in *La Condition postmoderne* entwickelte Stellungnahme richten – denn meine Kritiker haben im Allgemeinen meine anderen Werke nicht gelesen – tatsächlich Teil einer generalisierenden und totalisierenden Konzeption der Vernunft sind. Ich halte dem einfach das folgende Prinzip entgegen, das mir sehr viel rationaler zu sein scheint, als meine Kritiker glauben, nämlich: Dass es nicht die *eine* Vernunft gibt, sondern die Vernunft im Plural. Und hier kann ich mich, wenn ich so sagen darf, auf das Beispiel, auf das Modell von Kant stützen. Ich befinde mich hier durchaus in Übereinstimmung mit Kant und in einem sehr großen Maße auch mit Wittgenstein.

Es ist nicht dasselbe, ob man versucht, ein Regelsystem zu finden oder auszuarbeiten, das z.B. einen erkenntnistheoretischen Diskurs ermöglicht und das, wie Sie wissen, unter dem Imperativ steht, zu entscheiden, ob etwas wahr oder falsch ist; oder ob man versucht, das Regelsystem eines ethischen Diskurses zu erarbeiten, in dem die Entscheidung auf dem Spiel steht, ob etwas gut oder böse ist, gerecht oder ungerecht – oder schließlich das Regelsystem eines Diskurses der Ästhetik, in dem es darum geht, ob etwas schön oder hässlich (jedenfalls nicht schön) ist.

Diese Regelsysteme sind gänzlich verschieden. »Gänzlich verschieden« soll heißen, dass die Bedingungen, denen Sätze – oder, wenn man will, Sprechakte (obwohl ich meine, dass dieses Wort noch unklarer ist als »Sätze«) – genügen müssen, nicht dieselben sind. Oder besser: Dass die Bedingungen a priori, denen diese Sätze bzw. Akte genügen müssen, um etwas, das auf dem Spiel steht, entscheiden zu können, nicht dieselben sind. Das hat Kant gezeigt, als er von der ersten zur zweiten *Kritik* überging. Es ist deutlich, dass der theoretische Gebrauch der Vernunft gänzlich verschieden ist von ihrem praktischen Gebrauch. Es ist nicht dasselbe, ob man vorgeformte, sozusagen durch die Sinnlichkeit vorschematisierte Sinnesdaten mit Hilfe der Einbildungskraft unter Begriffe subsumiert oder ob man sich dem Appell des moralischen Gesetzes unterordnet, sich ohne Interesse einer Pflicht beugt, ja, sich von diesem Gesetz im Prinzip jene Objekte des Interesses vorschreiben lässt, die man mit guten Urteilen oder Akten verknüpft. Die Feststellung, ob ein Urteil oder ein Akt gut ist, bleibt, wie Sie wissen, Aufgabe der reflektierenden Urteilskraft.

Wenn man also das Beispiel der Ästhetik wiederaufnehmen würde, ließe sich ohne Weiteres zeigen, dass die Satzordnung des Schönen und des Nicht-Schönen ganz anderer Art ist, weil es sich hier, wie Kant sagt, um einen Geisteszustand handelt, d.h. um eine Empfindung, eine Elementarform, wenn man so will, des reflektierenden Urteils. Wenn man also an Kant denkt – aber es ist auch erlaubt, an Texte des späten Wittgenstein zu denken – ist es leicht zu zeigen, dass man es nie mit einer massiven, einzigen Vernunft zu tun hat; dass die *eine* Vernunft Ideologie ist, dass man es im Gegenteil mit der Vernunft im Plural zu tun hat, und zwar mit einer theoretischen, einer praktischen und ästhetischen, die alle zutiefst heterogen, und das heißt nach Kant, »autonom« sind.

Es ist das Ungedachte, das den großen idealistischen Rationalismus des deutschen 19. Jahrhunderts bestimmt, implizit vorauszusetzen, dass die Rede in allen Fällen eine einzige sei. Es handelt sich hier um eine Art Identitarismus, der Hand in Hand geht mit einem Totalitarismus der Vernunft und der, meiner Einschätzung nach, zugleich irrig und gefährlich ist.

Ich möchte noch zwei weitere Bemerkungen hinzufügen. Die eine ist, dass der Rationalismus der Aufklärung und der Revolution von 1789 unendlich viel subtiler war, als meine Kritiker offenbar glauben. Nehmen wir Diderot, der ist in meinen Augen das wahrscheinlich hervorragendste Beispiel für einen französischen Philosophen der Aufklärung, mehr noch vielleicht als Rousseau. Es ist evident, dass sein »Rationalismus« unendlich kompliziert ist. Ich kann mich jetzt und an dieser Stelle nicht darüber verbreiten. Das ist ein Vorhaben, das ich schon lange mit mir im Kopf herumtrage; ich weiß nicht, ob die Götter mir die Zeit gönnen, es zu einem guten Ende zu führen, zu zeigen, wie komplex dieser Rationalismus ist und wie er jenen Momenten Recht tut, die durch den heutigen amerikanisch-deutschen Rationalismus völlig ausgeschlossen werden. Er wird den Momenten einer Rationalität gerecht, die nicht über Argumentation zum Endpunkt eines Konsenses führen.

Die zweite Bemerkung, die in dieselbe Richtung zielt, besagt, dass wir uns seit mindestens einem Jahrhundert in einer »Krise« der wissenschaftlichen Vernunft befinden, und ich rede hier von den harten Wissenschaften. Diese Krise kann man mit den Namen Thomas S. Kuhn und Paul Feyerabend andeuten. Auch wenn ich wahrscheinlich nicht gänzlich mit dem Denken dieser berühmten Epistemologen übereinstimme, bleibt doch bestehen, dass seit der Mitte des 19. Jahrhunderts die Frage, was rational ist in der Mathematik oder in den Naturwissenschaften, eine offene Frage ist. Diese Frage reicht sogar so weit, dass sie das Problem der rationalen oder nicht-rationalen Natur von Raum und Zeit berührt. Was man also die »Grundlagenkrise« genannt hat, ist nicht etwas, das man heute, sich berufend auf einen unterstellten argumentativen Konsens, vernachlässigen könnte, denn genau dieser Konsens hat in den Naturwissenschaften gefehlt. Weit davon entfernt, dadurch in ihren Möglichkeiten beschränkt zu werden, und geradezu im Gegensatz zu dem, was man glauben könnte, hat das Fehlen dieses Konsenses den Naturwissenschaften eine noch schnellere und beeindruckendere Entwicklung beschert. Ich denke z.B. an die Diskussion zwischen Einstein, der in gewisser Weise ein klassischer Rationalist leibnizscher Prägung war, und den Dänen, die in diesen Fragen abenteuerten, oder gar an Louis de Broglie.

Welche Schlüsse man auch immer zieht (und ich bin mir meiner Inkompetenz in dieser Hinsicht bewusst) – ich kann doch eines feststellen, nämlich, dass die Krise der Vernunft nichts Anderes ist als das Badewasser, in dem sich die wissenschaftliche Vernunft seit einem Jahrhundert gebadet hat, und dass diese Krise, diese Erforschung der Vernunft, wahrscheinlich das Rationalste ist, was es gibt. Im Grunde ist es diese Welle der »Kritik« – in der zweifachen Bedeutung des Wortes – in der mich mein eigenes Denken gerne verorten möchte.

Didaktischer Zug I: In einem Interview mit Bernard Blistène von 1985 akzeptieren Sie, dass er Sie einen Philosophen nennt, »der etwas sichtbar macht«[244]. Seit *Discours, figure* und den Aufsätzen, die dieses Buch umkreisen, manifestieren Sie sich eher als Ästhetiker denn als Philosoph. Eher zeugen Sie »feinfühlig« von dem, was nicht gesagt ist, und von dem, was im Gesagten ungesagt bleibt, als dass Sie versuchen, es zu artikulieren. Vor zwei Jahren haben Sie selbst auf die Kontinuität aufmerksam gemacht[245], die Ihre ersten Schriften und die neuesten miteinander verbindet, nämlich was das figurale Prinzip aus *Discours, figure* und das »Ereignet es sich?« *(arrive-t-il?)*, das Sie in *Le Différend* eingeführt haben, betrifft.

Man könnte demnach Ihre Schriften resümieren, indem man sagt, dass Sie von dem Beispielhaften an Wahrem und Gutem zeugen, das außerhalb des Diskurses und seiner einander entgegengesetzten Werte existiert, außerhalb unserer Sprachmodi – denotativen und axiologischen – und außerhalb unserer Definitionskriterien; aber Sie weigern sich sehr bestimmt, es in Termini diskursiver Bedeutung zu fassen. Dieses Beispielhafte, das nichts Anderes ist als das Sein, hat im kritischen Moment Zugang zum Diskurs, d.h. in dem Moment, in dem der Diskurs sich in Hinblick auf seine Fortsetzung nicht selbst genügt. Ist also die »Linie«, die »Figur« aus *Discours, figure* als ein »Ort der Intensität« (ein fundamentaler Begriff aus Ihrer *Economie libidinale*) zu bezeichnen, wo »das ontico-ontologische Sein im Diskurs« stattfindet und dabei den Diskurs ungeschehen macht, ihn zerschmettert unter seinem enormen Gewicht – ist also das »Ereignet es sich?« der ungewisse, aber unausweichliche Moment, der der Verkettung der Sätze vorausgeht und der charakterisiert ist durch die furchterregende Qual der Wahl zwischen verschiedenen Diskursarten, die mich (einmal entschieden) zwingt, mich einer bestimmten Art von Diskurs zu unterwerfen? Hier wird die Möglichkeit, das Sein im Diskurs zu artikulieren, aufgehoben. Das Sein ist das, was seiner Artikulation vorausliegt und existiert niemals als Artikuliertes. Und dann entdecken wir plötzlich, dass man nur zeugen kann vom Sein und von der Revolution, die es impliziert; es artikulieren bedeutet, dass man es verloren hat.

Mit dem Konzept des Erhabenen versuchte Kant als quasi in der Welt zu denken, was nicht in der Welt dargestellt werden kann, was nicht im Modus des Dargestellt-Werdens existieren kann, was nicht als greifbar und also artikulierbar und nachweisbar existieren kann. Die Art, in der Kant über das Erhabene denkt und es darstellt, kann man symbolisch nennen. Er macht Anspielungen auf ein Undarstellbares. In einem Text, der deutlich Kants Text über die Aufklärung variiert: Réponse à la question*: qu'est-ce que le postmoderne?* von 1982, behaupten Sie, dass es von jetzt an zwei Wege gibt. Der symbolische Akzent kann entweder auf das Unvermögen der Darstellungskraft gelegt werden und also auf die Nostalgie einer Abwesenheit oder aber auf das Vermögen der Begriffsbildung, das Denken, was einen »Zuwachs des Seins« zur Folge haben würde, begleitet von einem »Frohlocken« – Ausdruck einer Verzückung und Angst zugleich, die eben stattfinden im kreativen Geschehen der Einbildung *(imagination)*, wo es neue Ideen und symbolische Darstellungen hervorbringt. Um es in Ihrer von Kant und Wittgenstein entlehnten Sprache zu sagen: Es werden neue Spielregeln, malerische, künstlerische oder beliebig andere erzeugt. Diese Formulierungen lassen das Interesse erkennen, das Sie seit Ende der 1970er Jahre an der ästhetischen Reflexion der *Kritik der Urteilskraft* haben.

Wenn wir uns an den Kantischen Sprachgebrauch halten, von dem – abgesehen von einer kurzen Bemerkung in den *Instructions païennes*[246] – die Dialoge in *Au juste* zum ersten Mal beredtes Zeugnis ablegen, muss man annehmen, dass sie sich offenbar für den zweiten Weg entschieden haben. Das heißt: Zeugen vom Ungedachten, für die Differenz des Denkens, für das Andere des Denkens (des Diskurses) – nicht, damit es artikulierbar werde, sondern um empfänglich zu werden für das, was vor dem diskursiven Denken war. Es heißt zeugen vom »Unsagbaren« (weder im nostalgischen noch im melancholischen Sinn) des ontologischen und für den Diskurs wesentlichen Grundes.

Die Schriften aus Ihrer ersten Periode, die sich von *Discours, figure* bis zur *Economie libidinale* erstreckt, zielen auf ein ähnliches Zeugen. Die »Linie« im ersten Buch und die »Spannung« *(le tenseur)* im zweiten sind jenes »Wo«, wo »es« sich ereignet, ohne dass seine Anwesenheit vernehmbar würde, denn »es« flieht vor seiner Darstellung. Wie in *Le Différend* suchen Sie nicht, dieses ontologische »es«, wie auch immer, sicherzustellen. In *Discours, figure* schreiben Sie in einer Stimmung des Bedauerns, die sich gegen die Melancholie und Nostalgie der negativen symbolischen Darstellung wendet, die Ihrer Meinung nach den ersten Kantischen Weg bestimmen: »Dieses Buch ist noch nicht das gute Buch, es hält sich noch mit Signifikation auf, es ist noch kein Künstlerbuch; die

Dekonstruktion [die sich unter dem Gewicht der ontologischen Differenz vollzieht, Anm. d. Interviewer] ist nicht selbst am Werk, sie wird bloß bezeichnet.«[247] In *Economie libidinale*, geschrieben in einem radikalen Wagemut – in »Ekstase« – wird gleich zu Anfang erklärt: »Es geht nicht darum, eine Kritik der Metaphysik zu schreiben, [...] weil ja die Kritik selbst dieses Theatralische [der Vorstellung, die das ›es‹ zu fassen versucht, Anm. d. Interv.] unaufhörlich voraussetzt und neu erschafft; vielmehr: Innen sein und es vergessen« – darum gehe es.[248]

Wir möchten jetzt einige Stellen aus *Le Différend*, einem Werk aus der Mitte Ihrer zweiten Periode zitieren, um die Analogie zwischen dem Nicht-Melancholischen und dem Sinnlichen in Ihren ersten Schriften und den neueren weiter zu präzisieren. Das Gemeinsame ist zweifellos in dem zu sehen, was Sie in *Sensus communis*[249] als die vernünftige Hilflosigkeit des Geistes bezeichnen. Hier nun die sieben einschlägigen Textstellen aus *Le Différend:*

»113. Könnte man die in einem Satz mitgeführte Darstellung das *Sein* nennen? Aber er ist *eine* Darstellung, oder: Was in einem Fall-Satz der Fall ist. Das Sein wäre ein Fall, ein Vorkommnis, die ›Tatsache‹, dass dies ›fällt‹, dass dies ›sich begibt‹ (frz. *cas*, engl. *occurence*). Nicht das Sein, sondern ein Sein, ein Mal.«

»114. Eine Darstellung kann in einem Satz-Universum als Instanz dargestellt werden. Das Sein kann also als ein Seiendes dargestellt werden. Aber der Satz, der es darstellt, führt selbst eine Darstellung mit, die er nicht darstellt. Kann man vielleicht sogar sagen, dass sich diese entzieht oder aufgeschoben wird? Das hieße voraussetzen, dass sie in mehreren Sätzen dieselbe ist. Die vereinheitlichende Wirkung des bestimmten Artikels: *die* Darstellung.«

»125. Sie bewerten die in einem Satz mitgeführte Darstellung als *absolut.* Mit dieser Bewertung stellen Sie sie dar. Ihr absoluter Wert ist in dem durch Ihren Satz dargestellten Universum situiert und ihm gegenüber relativ. Darum ist das Absolute nicht darstellbar. Mit dem Erhabenen wird Kant (wenn die *Darstellung* wie hier verstanden wird) immer einem Hegel gegenüber Recht haben. Das *Erhabene* [i.O.dt.] behauptet sich nicht jenseits, sondern im Zentrum des *Aufgehobenen* [i.O.dt.].«

»136. Verketten ist notwendig, eine Verkettung nicht. Sie kann aber für triftig erklärt werden, der Satz, der dies tut, ist eine Verkettungsregel. Er ist konstitutiver Teil einer Diskursart: Auf eine solche Art von Sätzen dürfen nur diese hier folgen. So umschreiben die *Erste* und die *Zweite Analytik* die Art von Verkettungen in der klassischen Logik, die *Wissenschaft der Logik* die der modernen Dialektik, die *Vorlesungen über Geometrie* die moderne Axiomatik. Es gibt viele Diskursarten, deren Verkettungsregel nicht angezeigt sind.«

»147. Von einem Satz-Regelsystem (deskriptiv, kognitiv, präskriptiv, evaluativ, interrogativ ...) zum anderen braucht eine Verkettung nicht unbedingt triftig zu sein. Es ist nicht triftig, *Öffnen Sie die Tür* mit *Sie haben eine Anweisung formuliert* oder mit *Welch schöne Tür*! weiter zu verketten. Diese mangelnde Triftigkeit aber kann in einer Diskursart durchaus angebracht sein. Eine Diskursart legt einen Einsatz für die Satzverkettungen fest. [...] Beispielsweise überreden, überzeugen, besiegen, zum Lachen, zum Weinen bringen usw. Angebracht kann es sein, auf nichttriftige Weise zu verketten, um eine dieser Wirkungen hervorzurufen. Die Teleologie beginnt bei den Diskursarten, nicht bei den Sätzen. Als verkettete aber sind die Sätze immer in (mindestens) eine Diskursart einbegriffen.«

»150. Das im letzten Urteil implizierte Unrecht: *Nach dem was ich gerade gesagt habe, gibt es nichts mehr zu sagen.* – Aber Sie sagen es! Was fügen Sie zu dem vorher Gesagten hinzu, wenn Sie erklären, dass es nichts mehr hinzuzufügen gibt? Sie fügen hinzu: Entweder, dass der vorangehende Satz der letzte war, oder dass die auf Ihren ›letzten‹ Satz folgenden Sätze Tautologien der vorangehenden Sätze sein werden. Die erste Erklärung ist Un-Sinn (das Nach-Letzte), die zweite verlangt den Beweis, dass kein neuer Satz kommen wird. Eines von beiden also, was diesen Beweis betrifft: Entweder besteht er aus Tautologien der vorangehenden Sätze oder nicht. Im ersten Fall widerlegt er *de facto*, was er *de jure* begründet; im zweiten ist der Beweis bereits geführt, bevor er vollzogen ist. – Und woher wissen Sie, dass er nicht schon vollzogen ist? – Ich weiß nur: Was nicht schon vollzogen war, ist der Beweis, dass er nicht schon vollzogen war. Und dieser Beweis wird *de facto* widerlegen, was er *de jure* begründen wird.«

»151. Wie kann ein Satz gegen einen Satz verstoßen, ihm ein Unrecht antun? Besitzen die Sätze Ehre, Stolz? Anthropomorphismus, von Ihrer Seite? – Ganz einfach: Man weiß nie, *was* das *Ereignis* [i.O.dt.] ist. Satz in welchem Idiom? In welchem Regelsystem? Das Unrecht besteht immer darin, es vorwegzunehmen, das heißt, es zu verbieten.«

Lyotard: Ich möchte einige Bemerkungen zu Ihrem didaktischen Zug I machen, bevor ich zur nächsten Frage übergehe. Ich bewundere die Präzision und, wenn ich so sagen darf, die Geschmeidigkeit der Argumentation in diesem Zug, mit der ich im Großen und Ganzen einverstanden bin. Ich möchte nur etwas präzisieren. Ich würde sicher nicht, wie Sie, den Ausdruck Revolution verwenden. Ich sehe nicht ganz, was Sie mit diesem Wort meinen, aber das brauchen wir jetzt nicht zu diskutieren. Eine zweite Bemerkung jedoch inspiriert mich. Es handelt sich um den Satz: »Die Art, in der Kant über das Erhabene denkt und es darstellt, kann man symbolisch nennen, er macht Anspielungen auf ein Undarstellbares.« Ich weiß, dass ich oft diesen Ausdruck verwendet habe. Er taucht sogar auf in dem Titel eines Aufsatzes, der in der amerikanischen Zeitschrift *Artforum* veröffentlicht wurde unter dem Titel *Presenting the impresentable*, der nicht von mir stammt und den ich dem Aufsatz nie gegeben hätte.[250] »Impresentable« (undarstellbar) ist ein Kantischer Terminus und ich möchte darüber eine kantische Bemerkung machen.

In der dritten *Kritik* macht Kant darauf aufmerksam, dass man immer zwischen zwei Arten der Darstellung oder, wie er sagt, des Exponierens unterscheiden muss.[251] Weiter sollte man nicht nur zwischen zwei Arten des Exponierens unterscheiden, sondern auch zwischen zwei Arten der Abwesenheit. Zunächst, was die Darstellung anlangt, sagt Kant: Vorsicht, es gibt zwei Arten des Exponierens, eine Art ist die Argumentation. Diese nennt er *modus logicus* oder ganz einfach *Methode*. Es handelt sich dabei um eine Verkettung, die Operatoren der rationalen Logik verwendet. Aber es gibt, wie er sagt, auch eine andere Weise des Exponierens, und die nennt er *modus aestheticus* oder *Manier*.[252] Kant sagt, dass man nach dieser *Manier* verfahren kann, dass es ein Exponieren gibt, das auf die Form und nicht auf den Begriff ausgerichtet ist. In diesem Fall findet sich die zu exponierende Einheit in der räumlichen Organisation des Exponierens selbst. Damit wird den Künsten die Tür geöffnet, die zweifellos Weisen des Exponierens sind, die nicht auf eine Linie zu stellen sind mit dem philosophisch-logischen Exponieren, die aber auf jeden Fall zu berücksichtigen sind, wenn man von dem Nicht-Darstellbaren redet.

Jetzt zur zweiten Unterscheidung. Auch diese ist eine Kantische, der im *Zug I*, wie ich meine, nicht ganz Recht getan wird. Es handelt sich um die Unterscheidung zwischen Ideen der Einbildungskraft und Ideen der Vernunft. Wenn man zum Beispiel sagt, dass die Einbildungskraft *(frz.: imagination)* neue Ideen und symbolische Vorstellungen hervorbringt, dann decken Sie mit dem Terminus Symbol vorschnell, wie ich meine, eine Unterscheidung zu, die ich behaupten möchte. Die Ideen der Vernunft sind gewiss nicht nachweisbar in dem kantischen Sinne, dass man auf eine darauf bezogene Anschauung verweisen kann. Darüber sind wir uns einig. Die Ideen der Einbildung (ebenfalls frz. *imagination*) dagegen gehören zur Darstellung. Sie sind durch die Darstellung aufgedrängt oder ihr gar immanent, aber sie bleiben trotzdem, und das ist ihre Weise der Abwesenheit, inexponibel, wie Kant sagt. Man kann sie nicht in eine logische Form fassen.

Sie verweisen so zurück auf das, was er an anderer Stelle ihren *modus aestheticus* oder die *Manier* nennt.

Ich meine, dass diese Unterscheidung wichtig ist, weil sie uns dazu zwingt, wieder genau über den Begriff des Undarstellbaren nachzudenken. Die Weise, in der eine Idee der Vernunft, z.B. die Freiheit oder das Absolute, undarstellbar ist, ist nicht dieselbe wie die *Manier*, in der eine Idee der Einbildung im Kunstwerk oder in der Landschaft suggeriert wird. Es handelt sich bei dieser um einen *Typus* oder ein *Monogramm* (ebenfalls Kantische Termini), die sich in erzeugten Formen, in den geordneten Sinnesdaten, zu erkennen geben. Sie sehen, dass es hier etwas *Undarstellbares* gibt, das keineswegs als nicht nachweisbar verstanden werden darf, das heißt als nicht nachweisbar durch das Denken oder zumindest durch die Anschauung in einer Synthesis mit dem Denken. Aber es gibt ein Undarstellbares, das nicht exponibel ist, in dem Sinne, dass es rational nicht fassbar ist.

Meine dritte Bemerkung zu Ihrem *Zug I* betrifft Ihre Verwendung des Ausdrucks »ontologischer und wesentlicher Grund des Diskurses«. Meine Kritik an dieser Formulierung muss man auf dem Hintergrund jener Textstellen sehen, die Sie liebenswürdigerweise selbst zitieren, z.B. die Nummern 113 und 114. Diese zwei Textpassagen aus *Le Différend* und einige andere distanzieren sich vom Konzept eines Grundes, der das Unsagbare selbst wäre, das Ungedachte als Einheit, die das Denken nie erreichen würde. Ich meine, dass es wichtig ist, in Bezug auf eine solche Konzeption eines Ungedachten, des Seins, das *ein* Ungedachtes wäre (im Singular), Zurückhaltung zu üben. Wir haben keine Möglichkeit, die These zu verteidigen, dass das Sein *eines* ist – außer, dass wir es von vornherein das Sein nennen und damit den Singular verwenden. Wir dürfen nicht vergessen, dass der Singular die Pluralität, im Besonderen die des Singulars und des Plurals, aufruft, wie ich es in *Le Différend* beschrieben habe.

Ich glaube, dass man zumindest sprachlich unterscheiden müsste zwischen einer Verwendung des Ausdrucks, die *das* Sein, im Singular (bzw. mit bestimmtem Artikel), universalisiert, und einer gegenläufigen Verwendung, die das Sein singularisiert: Dieses bestimmte Sein. Aber ich glaube vor allem, dass es den Vorzug verdient, den Terminus *Sein* nicht allzu oft zu gebrauchen. Weiter meine ich, dass *ontologisch* und *wesentlich* nicht genau dasselbe, vielleicht sogar Gegensätzliches bedeuten und dass man sich auf jeden Fall auch nur von der Möglichkeit, Ontologie zu betreiben, distanzieren sollte.[253]

3. Frage: Wie sehen Sie heute die Beziehung zwischen der positiven Sinnlichkeit einer authentischen ontologischen Kraft, die Sie früher als »Linie« bezeichneten, und dem, was Sie später in *Judicieux dans le différend* (1985) im Anschluss an Jean-Luc Nancy[254] als »ontologische Gesundheit« auf dem zweiten Weg des Erhabenen – ein echt kantisches Resultat der Kritik, wie Sie sagen – bezeichnen?

An diese Frage schließt sich eine weitere an: Wir haben vorhin Ihr Zeugen vom Anderen des Diskurses zur Sprache gebracht; ein Anderes, das anwesend, aber unsagbar ist, das sich entzieht, sobald es im Diskurs artikuliert wird. 1970 haben Sie ganz im Stil von *Discours, figure* gegen Derridas Konzepte von *Spur* und *Ur-Schrift* eingewendet, dass sie es nicht erlaubten, Rechenschaft zu geben von dieser positiven Anwesenheit des Anderen in Bezug auf den Diskurs.[255] Uns will aber scheinen, dass der Satz über die kritische Ästhetik Kants, den man in *Argumentation et présentation: La crise des fondements* liest: »Die kritische Ästhetik öffnet und öffnet immer wieder, während sie vom Sturz der Metaphysik mitgerissen wird, den Weg zur Ontologie«, noch immer den gleichen Vorwurf einschließt.[256] Wir haben natürlich nicht vergessen, dass der Ausgangspunkt für *Discours, figure* linguistisch bestimmt war; dort heißt es auf S. 11: »Man muss dort anfangen, wo man ist: Im Herzen der Worte.« Aber wenn man sich vergegenwärtigt, dass Ihr späteres Werk sehr viel stärker den Nachdruck auf die Analyse der Sätze legt als auf die Ontologie – und infolgedessen grundsätzlich diskursiver geworden ist – besteht dann nicht die Gefahr, dass Sie, wie Derrida, abgleiten in eine Ontologie der Abwesenheit?

Lyotard: Sie fragen mich, welche Beziehung es gibt zwischen der ontologischen Kraft der »Linie« und der »ontologischen Gesundheit« auf dem zweiten Weg des Erhabenen. Ich muss gestehen, dass ich die Frage nicht ganz verstehe, dass ich gezwungen bin, in dieser Hinsicht die gleichen Vorbehalte geltend zu machen, die ich gerade in Bezug auf die Verwendung des Terminus *Ontologie* vorgebracht habe und dass die Unterscheidung zwischen den zwei Wegen des Erhabenen, die ich selbst vor einigen Jahren zu machen versucht habe, mir heute revisionsbedürftig zu sein scheint. Ich gehe darum, wenn Sie erlauben, zum zweiten Teil Ihrer Frage über. Eine sehr gute, aber auch schwierige Frage, die das Verhältnis meines Denkens zu dem Derridas thematisiert. Sie fragen, ob ich nicht das Risiko eingehe, in eine Ontologie der Abwesenheit abzugleiten, wie man sie bei Derrida findet. Ich schicke voraus, dass ich sehr große Vorbehalte in Bezug auf eine solche Ontologie der Abwesenheit bei Derrida hege.

Ich meine, dass das Konzept der Abwesenheit durch sein Denken und in seinem Denken dekonstruiert wird und dass dieses Konzept unbestimmbar geworden ist. Die Idee, dass irgendetwas Seiendes, und *a fortiori* das Sein selbst, abwesend sein sollte, ist in seinen Augen eine zu simplistische Vorstellung. Er unterstellt, dass zumindest die Abwesenheit des Seins anwesend ist, dass es sich *in absentia* anwesend stellt, aber auch, dass sich seine Abwesenheit *in presentia* anwesend stellt (soweit diese Begriffe im

Denken Derridas überhaupt noch eine Bedeutung haben). Wenn es einen Unterschied gibt zwischen Derridas Denken und dem, was ich auszuarbeiten suche, wäre er eher festzumachen an der Reichweite, die wir jeweils der Differenz zusprechen.

Es will mir scheinen, dass Derrida das Konzept der Differenz auf praktisch alles anwendet, auf alle Sätze und auf alle Verkettungen. Ich entschuldige mich dafür, dass ich eine Sprache verwende, die nicht die seine, sondern meine ist, aber ich möchte mich verständlich machen. Indem man alles unter der Perspektive der Differenz betrachtet, alle Sätze, alle Verkettungen, geht man offenkundig das Risiko ein – ein Risiko, das eine Differenz anzeigt – des Skeptizismus beschuldigt zu werden. Ich glaube im Übrigen nicht, dass diese Beschuldigung begründet ist. Nicht, dass man etwa unrecht hätte, *a priori* skeptisch zu sein. Man braucht sich vor diesem Vorwurf nicht zu fürchten. Man muss aber prüfen, ob er richtig oder nicht gut begründet ist.

An dieser Stelle möchte ich etwas einfügen, das sich auf eine Bemerkung bezieht, die Derrida in einem offenen Brief – er war selbst abwesend – an das *Collège international de philosophie* anlässlich eines Vortrags von Karl-Otto Apel in Paris gemacht hat. Derrida entrüstete sich, fühlte sich vor den Kopf gestoßen durch die unsorgfältige Lektüre unserer Texte, die sich der größte Teil der Kritiker zuschulden kommen lässt. Sie beeilen sich, uns in Schubladen zu stecken, uns Etiketten aufzukleben, uns philosophischen Schulen zuzuordnen, die sie als ihre Gegner bezeichnen und die sie dann frontal angreifen können. Aber was wir schreiben, hat nichts zu tun mit dem, was sie daraus machen. Sie greifen also ihr Phantasma an statt die Texte, die sie hätten lesen sollen.

Um auf die Frage nach meiner Beziehung zum Denken Derridas zurückzukommen: Sein Konzept der *différance* stützt sich, wie mir scheint, vor allem auf ein Konzept der Zeit, das aus der

»transzendentalen Deduktion« der ersten *Kritik* stammt, wie es durch Heidegger in seinem Kantbuch entfaltet wurde. Außerdem spielt dessen Interpretation des »inneren Zeitbewusstseins« bei Husserl eine Rolle. Von diesem Konzept der Zeit kann man, wie Heidegger vorgeführt hat, zeigen, dass es an die Stelle des Subjekts tritt, eines Subjekts, das, wie Derrida immer wieder betont, offenkundig nie sich selbst gegeben ist, das sich selbst unaufhörlich fehlt, sich immer wieder von sich differiert. Diese Zeit ist mit Sicherheit das Schema aller Schemata, d.h. die Form aller Synthesen der Daten, die dem inneren Sinn gegeben sind. Aber diese Form der Synthesis des Gegebenen wird in der Kritik der theoretischen Vernunft ausgearbeitet; sie ist einem Sprachspiel unterworfen, in dem das Wahre und das Falsche auf dem Spiel stehen. Wenn man z.B. untersucht, was es an Zeitlichkeit in der zweiten *Kritik* gibt, d.h. also an ethischer Zeitlichkeit, berührt man ganz andere Probleme, die die Zeit der Verpflichtung betreffen.

In der dritten *Kritik* wird dagegen ganz deutlich, dass die sorgfältige Analyse der Synthesen, die im ästhetischen Empfinden, im Geschmack auf dem Spiel stehen – ohne noch von der Analytik des Erhabenen zu reden – den Schluss zulässt, dass die Zeitlichkeit hier ganz anderer Art ist als in der ersten *Kritik*. Man hat es hier überhaupt nicht zu tun mit einem Selbst, das endlos entzweit wird oder sich »entzweit« (se diffère), sondern vielmehr mit so etwas wie einem Aufschub zeitlicher Synthesen, wie sie in der ersten *Kritik* thematisiert werden – ich beziehe mich hier auf die drei Arten der Synthesis der Apprehension, der Reproduktion und der Rekognition –, weil gerade in Bezug auf die Ästhetik keine Rede von Rekognition und Reproduktion sein kann. Die Apprehension in der Analytik des Erhabenen muss in ihrer meist rudimentären, minimalen Form verstanden werden, weil dort nämlich der Begriff der Komprehension des Gegebenen einen nicht einlösbaren Anspruch an das synthetische Vermögen der Einbildungskraft stellt. Wir müssen sowohl hinsichtlich des Schönen wie des Erhabenen, so unterschiedlich sie auch untereinander sind, eine ästhetische Zeitlichkeit konzipieren, die nicht dem *Durchlaufen* [i.O.dt.] der ersten *Kritik* gehorcht, sondern einem Suspendieren oder einem »Verbot« des Differierens ähnlich ist; eine Zeitlichkeit also, die eine Art der Unterbrechung des Differierens selbst wäre.

Ich möchte noch etwas hinzufügen, um mich schnell verständlich zu machen, auch wenn ich auf diese Weise nicht so gut verstanden werde. Es bezieht sich auf das, was ich in meinen letzten Arbeiten über visuelle Kunstwerke gesagt habe, im Besonderen, was die Malerei, aber auch, was das Kino anlangt.[257] Was mir wichtig zu sein scheint in Bezug auf die ästhetische Zeit, ist, was man Anwesenheit (présence) nennen könnte, nicht im Sinne von »*jetzt* hier sein« oder von »jetzt *hier* sein«, sondern in einem entgegengesetzten Sinn, nämlich so, dass die Aktivität der sogar minimalen Synthesis dessen, was in freien Formen gegeben ist (in Formen im strikten Sinn des Wortes und nicht nur in Schemata), suspendiert ist.

Man hätte es mit einer Art von Spasma, Stasis zu tun, gleich welches Wort Sie nehmen, sofern es verdeutlicht, dass wir hier einen »direkten« Zugang, nicht zur Bedeutung (wie es der Fall ist bei den Formen), sondern zur Materie haben. Wir befänden uns hier jenseits einer synthetisierenden Aktivität mit Hilfe der Formen, setzten uns in Bezug zum großen X, um den Terminus Kants zu verwenden: Zu dieser rätselhaften *Mannigfaltigkeit* [i.O.dt.], dieser Vielfalt, diesem *poikilon*. Ich habe mich lange gefragt, warum die Materie immer als etwas Anderes, etwas Chaotisches vorgestellt wird. Offenbar nur, weil man die Wahnidee der einigenden Aktivität des Geistes retten will. In den »stärksten« ästhetischen Erlebnissen (aber was heißt das schon? – es sind zugleich die schwächsten für den Geist als synthetisierende Kraft) hätte man vielleicht zu tun mit einer nicht einmal durch die elementarste synthetische Aktivität vermittelten, unmittelbaren Beziehung zur Materie.

Das ist nicht allzu rätselhaft. Es ist ganz offensichtlich, was die Verwendung der Farbei betrifft – etwa bei Barnett Newman, dem großen amerikanischen Maler aus der Nachkriegszeit, von dem man sagt, dass er Expressionist ist (man fragt sich, warum), oder bei Karel Appel, auch er ein sehr großer, wenngleich ganz verschiedener Maler – , dass ihnen also in der Verwendung der Farbe keineswegs die Form wichtig ist, in die die Farbe gefasst wird, keineswegs also die Materie in eine Form gebracht werden muss, um sichtbar zu werden; sondern ganz im Gegenteil ist es die »Materie-Farbe«, die von sich aus die Kraft hat, die formende Aktivität des Geistes »festzuhalten«. Diese Malerei hat jenes Etwas, das Musiker Klangfarbe *(timbre)* nennen. Sie wissen ja, dass Musiker, wenn sie über den Klang sprechen, gerne auf Metaphern zurückgreifen, die den visuellen Künsten entnommen sind. Wir sprechen von Farbe und Chromatik eines Tons anders, sogar, wenn er hinsichtlich seiner Höhe, Dauer und Intensität identisch ist, je nachdem, durch welches Instrument, oder ich würde sagen, welchen *choc* oder Schlag im weitesten Sinn des Wortes er erzeugt wurde.

Das ist eines der Themen, mit denen ich mich momentan beschäftige. Ich möchte zeigen, dass hier, ich will nicht sagen, eine Ontologie, aber doch eine Beziehung auf etwas besteht, das sicher im Gegebenen da ist, aber dennoch die freien Formen, in denen das Gegebene gewöhnlich synthetisiert wird, transzendiert. Das möchte ich Anwesenheit nennen; eine Art Erstaunen oder Torheit, welche die Aktivität des Geistes unterbricht. Dieses Erstaunen nun sollte in Beziehung gesetzt werden zu dem, was ich an anderer Stelle im Anschluss an Kant Gehorsam oder Seele genannt habe. Trotzdem ist zu berücksichtigen, dass die Anwesenheit nicht schlicht Anwesenheit im klassischen Sinn ist, denn der Geist ist darin abwesend; deswegen ist diese Anwesenheit auch nicht in Übereinstimmung mit Kant zu bringen, außer vielleicht in einigen Textstellen über das Erhabene. Zumindest ist die Anwesenheit von ihrer »Zeitlichkeit« her weder greifbar noch spürbar in Termini der apperzeptiven Synthesis. Diese Zeitlichkeit wird nicht differenziert als etwas, das zur Synthesis gehört.

Didaktischer Zug II: In *Le Différend*, Nr. 126, greifen Sie die Melancholie Kants, die mit der Thematisierung der Totalität einhergeht, an. Diese letzte könne nur misslingen. Das sei ein Ergebnis der – wie Sie Gérard Raulet kritisierend sagen – »Kraft der Kritik«. Diese manifestiert sich in der Pendelbewegung der Urteile, die sich über die Grenzlinie hinweg zwischen verschiedenen Arten von Diskursen vollzieht. In Ihrer »Antwort« führen Sie aus, dass es einen Unterschied gibt zwischen der Ästhetik des Erhabenen im Sinne des ersten Weges, die bei Kant ein Modus der Darstellung des Seienden ist (oder im Fall der absoluten Totalität: Des Seins), und eines postmodernen Erhabenen, das ein Sein zeigt, das außerhalb des dargestellten Seins nie aufhört zu produzieren und doch undarstellbar bleibt.

Sie variieren oft das Thema der Arbeit der Anamnese in den modernen plastischen und visuellen Künsten. Dieser Prozess ist, wie Sie in *Note sur le sens de ›post-‹* zeigen, im Sinne der psychoanalytischen Therapie zu verstehen. Das Werk Cézannes, Picassos, Delaunays, Kandinsky, Klees, Mondrians, Malewitschs und »schließlich« Duchamps wäre zu sehen als ein Durcharbeiten, das zu einem »anfänglichen Vergessen« führt. Die Wendung »schließlich« deutet dabei auf eine Verschiebung. Die Bewegung der Rückkehr, anagogisch und anamorphisch, der Prozess im *ana-*, würde dann von der Arbeit eines Vergessens und eines Verlusts der Empfindung, die – sagen wir – alle etwas naiv sind, zu einem reflexiven Durcharbeiten dessen, was in der naiven Arbeit des Vergessenen wirkt, führen. Gesetzt die Tatsache, dass es immer Vorausgesetztes gibt, wird jede auch noch so bescheidene Reflexion ein Durcharbeiten sein. Dieses kommt nie an ein Ende, d.h. dass die Ästhetik sich immer vom Sinnlichen wegbewegt, aber auch immer daran rückgebunden bleibt. Deswegen wäre Duchamp mit seinem reflexiven Werk auch der Postmoderne näher als der Moderne.

Dieser Ideenkomplex ruft einige Fragen hervor. Die erste lautet: Welche Beziehung gibt es zwischen den zwei »Erhabenen«, dem des ersten Weges, das modern ist und das naiv einen Verlust des Sinnlichen verarbeitet, und dem postmodernen des zweiten Weges, das reflexiv das Durcharbeiten auch der naiven Reaktion auf sich nimmt? Da Sie behaupten, dass es einen Übergang gibt vom ersten zum zweiten, knüpft sich daran die Frage, wie und wo sich dieser ereignet.

Lyotard: Zunächst eine Bemerkung zu diesem zweiten didaktischen Zug. Was Sie hier zu verstehen geben, scheint mir auf jeden Fall akzeptabel zu sein. Ich kann damit vieles verknüpfen und dafür danke ich Ihnen. Das ist eine wirklich nützliche Weiterführung. Aber die Frage, die Sie anschließen, macht mir einiges Kopfzerbrechen. Sie sagen, dass es zweierlei »Erhabenes« gibt. Das des ersten Weges sei eine nostalgische Variante der Unmöglichkeit, das Absolute darzustellen. Das Erhabene des zweiten Weges wäre das Postmoderne, das immer wieder die Voraussetzungen ins Spiel bringt, die in jedem Werk am Werke sind. Dann sagen Sie, dass das erste Erhabene auf naive Weise einen Verlust der Empfindung verarbeite. Da würde ich nicht von einem empfindlichen Verlust sprechen, es sei denn, man würde das hier im Sinne der angelsächsischen Tradition verstehen, d.h.

vielleicht als Verlust der Bedeutung. Es handelt sich vielmehr um das Bewusstsein, dass *etwas* die sinnliche Materie gibt und dass dieses »Etwas« für uns immer unerreichbar bleibt.

Ich erinnere mich an dieser Stelle an eine Formulierung Bettina von Arnims aus einem Brief in ihrem Roman *Günderode*, wo sie mit Bezug auf Hölderlin Folgendes schreibt: »Wissen wir Ungeprüfte, ob je uns Hellung werde?« »Hellung werden«, das wäre genau: Zugang zu diesem »Etwas« (»chose« – ein Terminus, den ich »Sein« vorziehe) haben; ein »Etwas«, das da ist wie die hörbare, sichtbare Materie, wie Klangfarbe, Chromatik, Nuance. Das ist ein Ausdruck, den ich mir ausnahmsweise erlaubt habe in einem Buch, das gerade unter dem Titel *Que peindre?* erscheint.

Wenn Sie mich fragen, wo der Übergang vom ersten zum zweiten Erhabenen sich ereignet, dann gestehe ich, dass ich das »wo« nicht ganz verstehe, denn es scheint mir (aber ich kann mich irren), dass Sie damit einen Übergang von einer Ästhetik des nostalgischen Erhabenen zu einer Ästhetik eines fröhlichen Erhabenen im Sinne einer Periodisierung denken. Vielleicht habe ich ein solches Missverständnis provoziert, z.B. in *Le sublime et l'avant-garde* oder auch in *Réponse à la question: qu'est-ce que le postmoderne?* Ich habe mich trotzdem immer davor gehütet, glaube ich, den Übergang von einem Erhabenen zum anderen zu periodisieren. Ich habe vielmehr anhand einiger Beispiele gezeigt, auch wenn ich keines ganz durchanalysiert habe, dass man in jeder Epoche in der Schrift (im weitesten Sinne des Wortes) eine Weise des Einschreibens finden kann, die immer wieder das in Frage stellt, was nicht eingeschrieben werden kann, ganz unabhängig von den Hilfsmitteln und der Weise des Einschreibens. Ich glaube, dass ich immer versucht habe zu zeigen, dass man in der Schrift, unabhängig von Epochen, in der Literatur, in den Künsten, in der Philosophie, sowohl Beispiele für das eine

– nostalgische – Erhabene wie für das andere finden kann. Man kann den Übergang also nicht periodisieren.

Ich würde heute lieber nicht von Übergang sprechen, sondern von Gegenüberstellung, so wie man den Suprematismus von Malewitsch dem Expressionismus von Appel gegenüberstellen kann. Jener zielt auf eine Verflüssigung der Darstellung, die zum Ziel hat, das »Etwas«, das nicht dargestellt werden kann, vernehmlich zu machen; dieser im Gegenteil darauf, einen Überfluss an Chromatik, eine bewusste (und zugleich unbewusste) Vernachlässigung zu erzeugen, wenn es darum geht, den Farben Gestalt zu verleihen. Noch da aber versucht Appel, wenn ich so sagen darf, auf eine sehr reiche Art und Weise (aber in Wirklichkeit ist dieser Reichtum auch wieder eine Armut, wie es eine nähere Betrachtung der Werke und auch der Texte, die sie begleiten, zeigt) von einer Verwirklichung dieses »Etwas« zu zeugen, aber auf eine Art und Weise der Gestaltung, die absolut verschieden ist von der, in der Malewitsch dieses »Etwas« ins Werk setzt.

Frage 4 (noch zum didaktischen Zug II): Die mit allem Raffinement durchgeführte Durcharbeitung der künstlerischen Bedingungen, die dem postmodernen Kunstwerk, wie Sie es definieren, zugrunde liegt, hat zur Folge, dass das diskursiv und begrifflich Etablierte gesprengt wird. Ganz analog, wenn auch eher im politischen Kontext, sagen Sie in *Judicieux dans le différend*: »Die Aufgabe des kritischen Wächters ist klar: Immer die Illusion ablenken; und düster: Diese Ablenkung kann eine Illusion sein.«[258] Hier wenden Sie Kants Idiom gegen ihn selbst; gegen das Apriori und die Regeln, die er festzulegen sucht. Was Ihnen erlaubt, Ihre Schlüsse hinsichtlich der Sprengung und also zugunsten der Entzweiung zu ziehen, ist das Konzept, das Sie selbst als Illusion einer Einheit kritisiert haben[259]: Das der Urteilskraft. Es stellt sich nun die Frage, ob Sie nicht mit Ihrem

Vorschlag zur Zersplitterung dem Konzept der Urteilskraft Unrecht tun – unter Berücksichtigung der Tatsache, dass es, wie im Vorwort zur *Kritik der Urteilskraft* zu lesen ist, die Urteilskraft ist, die es ermöglicht, zu einer »Zusammenstimmung« zu kommen, welche im Grunde die einigende Übereinstimmung der ersten zwei *Kritiken* ist.

Lyotard: Dazu möchte ich zwei Bemerkungen machen. Die erste ist eine Art, allerdings wesentliche, Parenthese; sie bezieht sich auf die Verwendung, die Kant selbst von dem Terminus Kraft macht, sowohl im Begriff der Urteilskraft wie in dem der Einbildungskraft. Sie erinnern daran, dass ich in *L'Enthousiasme* geschrieben habe, dass schon der Begriff der Kraft die Illusion einer Einheit weckt. Sie fragen sodann, ob ich nicht, während ich an dem Denken der Zerstreuung (Mannigfaltigkeit) arbeite, der Urteilskraft Unrecht tue.

Meine erste Bemerkung bezieht sich auf das Konzept der Kraft, das zweite auf das Konzept der Zerstreuung. In Bezug auf den ersten Punkt muss ich mich leider kurzfassen. Das ist ein sehr großes Problem, das ich in einem kürzlich veröffentlichten Text mit dem Titel *L'intérêt du sublime* angeschnitten habe. Der Begriff der Kraft stimmt überein mit der aristotelischen *dynamis*. Es handelt sich also um eine Kraft des Verstandes, wie Kant, besonders in der zweiten *Kritik*, sagt. Der Verstand hat mehrere Kräfte, die, wie ich vorhin erwähnte, verschiedenen Anwendungsbedingungen und Richtlinien unterliegen, je nachdem, ob es sich darum handelt, etwas als wahr, richtig oder schön zu beurteilen. Ärgerlich am Begriff der Kraft ist, dass er uns entweder zurückwirft auf eine aristotelische Metaphysik der Kraft und des Aktes oder aber auf eine schwächere Hypothese, eher eine Art von Metapsychologie (die platonischer Provenienz wäre).

Die erste Perspektive findet sich oft bei Kant. Deswegen habe ich mich in dieser Hinsicht auf den Begriff des *Interesses* in der dritten *Kritik* konzentriert. Die Kraft braucht nämlich ein Interesse, um sich aktualisieren zu können, und der empirische Verstand braucht ein Interesse, um jene Kraft anzuwenden. Es gibt also ein doppeltes Interesse, das in zwei Richtungen wirkt, und das ist nicht selbstverständlich. Mit diesen Begriffen der Kraft und des Aktes ist also notwendigerweise eine Art von Ökonomie ins Spiel gebracht worden. Denn der Terminus Interesse ist ein ökonomischer Terminus, libidinös oder nicht; und die Ökonomie ist für Kant schließlich eine praktische Ökonomie. Und ich meine, dass darin auch der Primat liegt, den Kant der Praxis zuspricht. Ein Interesse an einem Objekt haben heißt ja immer *wollen*. Eine Kraft *will* ihre Aktualisierung. Jede Kraft ist einem »Meta-Willen« unterworfen, einem Zwang, sich ins Werk zu setzen. Die dritte *Kritik* zielt auf diese Metaphysik der Kraft und des Aktes. Sie ist bloß, wohlweislich, unter die Regel einer hypothetischen Idee subsumiert, der Idee der Natur, von der es, nach Kant, keinen Beweis im Bereich des Sinnlichen gibt. Diese Idee der Natur ist grundlegend. Es handelt sich dabei nicht nur um die externe Natur, sondern ebenso um die interne. Man kann die dritte *Kritik* nicht verstehen, wenn man nicht diese Hypothese im Rahmen einer Metaphysik der Kraft, des Aktes und einer Ökonomie der Kräfte entwickelt.

Wenn man in Bezug auf die Verwendung dieses Terminus *Kraft* die aristotelische Metaphysik der Natur vermeiden will, dann bleiben nur schwächere Hypothesen. Dann fällt man unweigerlich zurück auf eine Art metaphysische Psychologie, die vordergründig den Vorteil hat, uns das, was wir Sprachspiel nennen, näherzubringen. Aber hier würde sich wiederum die Frage stellen, ob wir wissen können, wie – dieses Mal eher in Bezug auf Platon als auf Aristoteles – die drei platonischen

Seelenkräfte oder auch die drei Verstandeskräfte Kants zusammenarbeiten können. Sie sehen, dass es sich also eher um die Frage nach der Einheit des Subjekts dreht als um eine Metaphysik der Natur. Die zwei Hypothesen, die Metaphysik der Natur und die des Subjektes, sind tatsächlich bei Kant eng verwandt, wie unterschiedlich Platon und Aristoteles auch in diesen Fragen denken.

Ich gehe nun zur Frage der Zerstreuung über. Die Frage war, ob ich der Urteilskraft Unrecht tue, wenn ich das Konzept der Zerstreuung einführe. Dazu ist zu sagen, dass nicht ich dieses Konzept einführe, sondern dass die kritische Methode selbst den Unterschied zwischen den verschiedenen Arten von Urteilen, je nachdem, ob sie das Wahre, Gute oder Schöne betreffen, fordert. Infolgedessen steht Kant vor der Schwierigkeit, das Subjekt, das aus verschiedenen, total autonomen Urteilsformen zusammengesetzt ist, als etwas Einheitliches zu denken. Was er am Schluss der verschiedenen Deduktionen, d.h. der Rechtfertigungen der Ansprüche der verschiedenen Urteile, jeweils für das Wahre, Schöne und Gute gültig findet, sind heterogene Prinzipien. Kant stellt sich im Vorwort zur dritten *Kritik* auf diesem Hintergrund die Frage nach der Konstitution der Einheit des Subjekts. In der dritten *Kritik* versucht er dann diese Frage zu lösen, indem er einen möglichen Übergang vom theoretischen Gebrauch der Vernunft zum praktischen Gebrauch zu konstruieren sucht. Wie Sie wissen, verursacht ihm das die größten Probleme, denn schließlich kann dieser Übergang nur gemacht werden mit Hilfe der allgemeinen Hypothese einer natürlichen Teleologie, der Konzeption einer »Als-ob-Natur«, die sowohl im Menschen als außer ihm das Ziel einer Entwicklung seiner Freiheit über die Entwicklung der Erkenntnis stellt.

Die Frage, die Sie an mich richten, ist also für Kant viel problematischer als für mich. Was mich anlangt, ich bewege mich in der heutigen Diskussion, die in wichtigen Teilen durch die Kritik des Subjekts bestimmt wird. Diese Kritik impliziert nicht, dass wir ohne Subjekt auskommen. Sie besagt im Gegenteil, dass wir, was das Konzept des Subjekts angeht, die Erben Kants und Wittgensteins sind, und das heißt wiederum, dass wir nicht fortfahren können, unter der allgemeinen Herrschaft des *cogito* zu denken. Die Evidenz des »ich denke« ist für uns so gering wie nur möglich. Das ist der Punkt eines tiefen Dissenses mit Karl-Otto Apel und vielleicht mit jeder Phänomenologie.

Ich möchte hinzufügen, dass man sich heute natürlich nicht damit begnügen kann, die Schlussfolgerungen aus Heideggers Kantbuch zu teilen, wenn man auf der Höhe der Diskussion um die Krise und Kritik des Subjekts bleiben will. Denn noch einmal, diese Betrachtungen beziehen sich nur auf das Verschwinden, wenn ich so sagen darf, des erkennenden Subjekts in der Zeit der Erkenntnis. Wir sind indessen mit einer sehr viel ernsteren Krise des Subjekts konfrontiert. Diese betrifft die Synthesis der heterogenen und autonomen Arten der Urteile, d.h. der unterschiedlichsten Satzordnungen.

Können wir ohne Subjekt denken? Man muss berücksichtigen, dass die beachtlichen Beiträge, die die Psychoanalyse, im Besonderen in ihrer Lacanschen Prägung, zu dieser Problemstellung geliefert hat, uns Philosophen nicht genügen. Ich bin wohl nicht der einzige Philosoph, der das meint. Meine Zweifel beziehen sich besonders darauf, dass Lacan auf die eine oder andere Weise wieder ein A einführt (das Andere), uns also festlegt auf eine gewisse Vorstellung der Einheit der Bedeutung. Natürlich bin ich mir der Tatsache bewusst, dass es sich bei Lacan um die Einheit des einzelnen Unbewussten handelt; es bleibt ein Problem, wie die verschiedenen, durchaus heterogenen »Unbewussten« mit A geschriebenen Anderen, miteinander kommunizieren. Der rein theoretische Charakter der frühen Lacanschen

Überlegungen, so will es mir scheinen, ist eher eine sehr weitreichende und subtile Erneuerung der Philosophie Platons als ein wesentlicher Beitrag zur Krise des Subjekts nach Kant.

Frage 5 (noch zum didaktischen Zug II, ein wenig komplexer): Auf die Frage, was in der modernen respektive der postmodernen Kunst auf dem Spiel steht, schien es Ihnen opportun, den Titel *Beantwortung der Frage: Was ist Aufklärung?* abzuwandeln. Bekanntlich visierte Kants Text politische Ziele an. Er wird zu den historisch-politischen Texten gerechnet und es werden darin überhaupt keine Fragen der Ästhetik oder Kunst zur Sprache gebracht.

Wenn Kant über *Classis* (»wie sie sich bei den Holländern selbst nennt«) spricht, dann redet er von religiösen Fragen. Aber da soll man sich nicht täuschen, die Wahl des Themas erscheint arbiträr in Relation zum politischen Wesen der behandelten Materie. Kant schreibt: »Ich habe den Hauptpunkt der Aufklärung, die des Ausgangs der Menschen aus ihrer selbst verschuldeten Unmündigkeit, vorzüglich in *Religionssachen* gesetzt: Weil in Ansehung der Künste und Wissenschaften unsere Beherrscher kein Interesse haben, den Vormund für ihre Untertanen zu spielen.«[260] Die Tatsache, dass von Religion gesprochen wird, verhüllt keineswegs, dass es sich um einen politischen Text handelt.

Wenn Sie nun den Titel des Kantischen Aufsatzes abwandeln und wenn Sie mit Ihrem Text das politische Denken des Aufklärers Habermas kritisieren, stellt sich die Frage, was Ihren ästhetischen Überlegungen eine politische Bedeutung gibt. Das heißt zwei weitere Fragen stellen: 1. Inwiefern ist Ästhetik politisch? 2. Hat die Transformation der Ästhetik, von der wir weiter oben gesprochen haben, Implikationen für eine Politik, die wir hier versuchsweise postmodern nennen möchten, oder werden verschiedene Bereiche miteinander verwechselt, so dass politisch gleichbedeutend mit ästhetisch wird?

Erinnern wir uns, dass Sie im Hinblick auf die Politik, die ein Konzept der Machbarkeit und als solche Gegenstand der philosophischen Reflexion ist, in einem Interview mit Gilbert Lascaut 1972 gesagt haben, Sie seien dazu gezwungen worden, den Plan einer Philosophie der Geschichte aufzugeben und einen großen Umweg über die Ästhetik von *Discours, figure* zu machen, der das ursprüngliche Thema Ihres Denkens verändert hat. Und sicher unter Berücksichtigung Ihrer aktiven politischen Vergangenheit fahren Sie fort: »Was mich im Grunde interessiert, ist zurückzukehren zur Kritik der Praxis und zur Theorie der praktischen Kritik: zu sehen, was das heißt: Politik.«[261] Im Interview mit Blistène von 1985 bekräftigen Sie das. Dort heißt es: Wie Politik machen, wenn man es zu tun hat mit einer Politik, die offenbar (Stalin, Prager Frühling, Solidarność)[262] nicht stimmt? Da liegen wohl Ihre Gründe, warum Sie den kritischen Marxismus von *Socialisme ou Barbarie* und nachher von *Pouvoir ouvrier* aufgegeben haben. Sie fragen aber trotzdem weiter: »Was machen wir, wenn wir keinen Horizont der Emanzipation haben, wo bieten wir Widerstand?« Die Frage: Ästhetik oder Politik? heißt doch: Was ist Philosophie, Zeigen oder Reflektieren? Oder halten Sie diese Dichotomie für obsolet?[263]

Lyotard: Wenn Sie erlauben, beantworte ich die zwei Subfragen zusammen. Ich möchte Ihnen sagen, inwiefern Ästhetik politisch ist. In der abendländischen Tradition ist die Ästhetik immer politisch gewesen in dem Maße, in dem die Politik immer ästhetisch war. In diesem Zusammenhang möchte ich auf den unveröffentlichten Text von Philippe Lacoue-Labarthe mit dem Titel *La fiction du politique* (eine bemerkenswerte Erörterung des Ästhetischen und Politischen bei Heidegger) zurückgreifen.[264] Kurz gesagt – mit den erforderlichen Entschuldigungen an die Adresse Lacoue-Labarthes, weil diese Abkürzung sicher auch eine Verfälschung ist – besteht das Wesentliche darin: Er zeigt sehr gut, dass zumindest seit Platon jede Politik eine Politik der Formgebung (façonnement) unterliegt, dem, was die Griechen *plattein* nannten. Und bekanntlich machten die Sophisten Wortspiele über *plattein* und Platon. Es handelt sich darum, dem Stadtstaat Form zu geben und immer wieder neu Form zu geben, um ihn in Übereinstimmung zu bringen mit einem metaphysischen Paradigma, dem der guten Ordnung der drei Instanzen *logos*, *thymos* und *epithymetikon*, [Vernunft, Lebenskraft und Begierde] dergestalt, dass sie sich spiegeln können in der Kopie, die durch die gute Formgebung oder Verfassung der Stadt geschaffen wird.

Diese Idee, dass die Gemeinschaft der Menschen einer Formgebung unterliegen muss, ist grundsätzlich eine ästhetische Idee. Man muss das Werk erschaffen, und das ist genau das, was Jean-Luc Nancy meint, wenn er von der »entwirkten Gesellschaft« (communauté desouvrée) redet.[265] Er will zeigen, dass wir angesichts eines traditionellen Konzepts der politischen Tradition, das das einer Werkästhetik war, versagen.

Ich weiß, dass Platon nicht unumstritten geblieben ist, aber man kann, wie ich meine, zeigen, dass nach oder mit der Aufklärung, in der mit dem Platonismus gebrochen wurde, wie Kant zeigt, es möglich ist, weiterhin die Formgebung als das Geheimnis der Politik zu denken. Ich möchte allerdings betonen, dass es sich dann nicht länger um ein mit Scheuklappen betriebenes »Formgeben« auf der Grundlage eines metaphysischen, im Himmel der Ideen konstituierten Paradigmas handelt, sondern um ein »Formgeben« auf der Grundlage dessen, was Kant eine Idee der Vernunft nennt, d.h. eines Konzepts, von dem es aber keine Darstellung oder Anschauung gibt. Wir befinden uns infolgedessen in einem Paradox, das Sie kennen und das das moderner

Gesellschaften ist; das im Übrigen mehr als nur einer (mit Leo Strauss) aufgezeigt und kritisiert hat. Dieses Paradox besteht darin, eine Gemeinschaft zu gründen auf einer Idee, die nicht sinnlich überprüfbar ist (die Idee der Freiheit ist eine solche Idee), die also nicht dergestalt nachweisbar ist, sei sie von links oder von rechts in Anspruch genommen, dass sie immer wieder auf ihre Legitimität hin zu überprüfen wäre.

Im Platonismus stoßen wir auf die Vorstellung, dass das Modell des Staates in jedem Verstand da ist und dass jeder beurteilen kann, ob die politische Organisation ihm angemessen ist oder nicht. In der Aufklärungsphilosophie ist es eher so, dass – abgesehen von gewissen platonischen Zügen, die sich bei Hegel und sogar bei Nietzsche finden lassen – die Idee der Freiheit jeder möglichen sinnlichen Anschauung unangemessen ist. Der Verdacht trifft fortan immer die Formgebung. Von da an wird die moderne Politik immer in Zusammenhang mit Verdächtigung und inneren Konflikten gebracht. Diese Konflikte können ins Extreme wachsen und zum Bürgerkrieg führen. Es lässt sich sehr einfach zeigen, dass alle modernen Kriege sich darin von den klassischen unterscheiden, dass sie Bürgerkriege sind, von innen wie von außen – d.h. es sind Legitimationskriege mit Bezug auf die Formgebung oder Verfassung der menschlichen Gemeinschaften.

Sie sehen, dass wir hier wieder auf das Problem der Natur stoßen, dass man offensichtlich in den Naturrechten, in den fundamentalen Freiheitsrechten Grenzen der Formgebung finden kann und dass darin schließlich die Legitimität des Widerstands gegen die Nazis begründet war. Das ist zumindest in dem Maße der Fall, in dem die von letzteren beschworene »Natur« diese Rechte missachtete. Das ist das Mindeste, was man dazu sagen muss. Diese Rechte sind jedoch bloß Minimalforderungen, die man in gewisser Weise absolut nicht relativieren darf. Ich will damit sagen, dass man, wenn man diese Rechte nicht respektiert, absolut zu verurteilen ist. Auf der anderen Seite aber gilt, dass die Einhaltung dieser Rechte keineswegs heißt, dass die damit korrespondierende politische Fiktion gut ist. Sie einzuhalten heißt also noch nicht, dass man gute Politik macht. Wir haben es hier mit einer Problematik zu tun, die gewissermaßen noch »ästhetisch« ist. Aber diese Ästhetik ist keine Ästhetik des Schönen, wie sie durch Platon definiert worden ist, sondern vielmehr eine rationale Ästhetik des Erhabenen, sofern es darum geht, die menschliche Gemeinschaft zu verfassen nach einer Idee der Vernunft, die trotzdem nicht darstellbar ist.

Ergibt sich daraus eine Verwechslung des Politischen mit dem Ästhetischen? Das glaube ich nicht. Ich möchte nur, in Bezug auf den Schluss Ihrer Frage sagen, dass man einen Unterschied machen muss zwischen dem, was ästhetisch ist, und dem, was politisch ist. Interessant ist zweifellos nicht, an der Idee der Formgebung, an der Obsession, dass das Ästhetische dem Politischen übergeordnet werden soll, festzuhalten, sondern die Dissoziation zwischen dem, was ästhetisch und dem, was politisch auf dem Spiel steht, zu entwickeln. Das habe ich schon vorher gesagt und, wenn Sie den Vergleich entschuldigen wollen, das ist von Kant und Wittgenstein bereits erörtert worden. Das ist die Aufgabe der Kritik und der Kritik allein. Denn warum sollte die Sozialgemeinschaft oder die menschliche Gemeinschaft nicht nur gut, sondern auch schön sein? Wäre, sobald sie schön wäre, gesichert, dass sie auch gut ist? Ich weiß, dass das griechische Tradition ist, dass das *kalos kagathos* dasjenige ist, was zugleich schön und gut ist, und ich weiß, dass auch Kant eine Analogie zwischen dem Schönen und dem Guten konstruiert. Aber Kant hat auch erklärt, dass man aus der Möglichkeit der Analogie nichts schließen kann; die Analogie ersetzt nicht die deduktive Schlussfolgerung.

Man kann nicht sagen: Es ist schön, also ist es gut. Es gibt in der überkommenen griechischen Tradition eine Art Primat des Ästhetischen vor der Politik, der gebrochen werden muss, und ich glaube, dass dafür jetzt der richtige Augenblick da ist. Um es kurz zu sagen, ich meine, dass das Politische etwas ist, von dem man nicht sagen kann, dass es wie etwas Anderes auf dem Spiel steht. Es ist komplizierter. Es ist so, wie ich es gegen Ende von *Le Différend* zu zeigen versucht habe. Die Politik kombiniert verschiedene Arten von Diskursen (aber auch von Satzordnungen), die vollkommen heterogen sind. Im Politischen gibt es Arten des Fragens, des Bejahens oder Feststellens; es gibt Fragen, die Deskriptionen implizieren, und Fragen, die Präskriptionen implizieren. Es gibt einen ästhetischen und poetischen Gebrauch der Diskurse in der parlamentarischen Rhetorik oder im politischen Gebrauch der Propaganda etc. Und gewiss müssen wir dem noch den Gebrauch des reflektierenden Urteils hinzufügen, wenn jeder sich fragt, was er in dieser oder jener Situation wählen oder tun soll, ohne über die Regel, nach der er in diesem Fall verfahren sollte, verfügen zu können.

Das Politische ist also keine einzelne, für sich bestehende Art des Diskurses, sondern eine zutiefst instabile Kombination (obwohl es in den sogenannten demokratischen Staaten durch die Verfassungen relativ stabilisiert ist). Es ist der Instabilität eines Kraftfeldes, in dem die verschiedensten Diskursarten aufeinander einwirken, ausgesetzt. Man kann sagen, dass die heutige Situation charakterisiert ist durch die Tatsache, dass diese Diskursarten immer mehr Gebiete und »Gegenstände« betreffen. In einem gewissen Sinn wird alles politisch, wie man so sagt – aber das ist keine gute Art zu reden. Es ist eher so, dass die Politik sich überall hineinziehen lässt; dass die Politik sich über Gebiete und Gegenstände ausdehnen lässt, die früher außerhalb ihrer gehalten wurden. Ich denke hier im Besonderen an Gesundheitsprobleme und an Probleme der Zerstörung, die waren allerdings schon immer fester Bestandteil des politischen Denkens; aber sie wachsen zusammen mit der heutigen Physik und Chemie dermaßen ins Unermessliche, dass offenkundig die Wissenschaft selbst eine politische Angelegenheit geworden ist.

Ein anderes Beispiel: Das, was man »Kultur« zu nennen pflegt, hat in Kombination mit den verschiedenen Diskursen, die das Politische konstituieren, Hegemonie erworben. Das, was man Kultur nennt, ist dabei keineswegs identisch mit Ästhetik. Was ich hierüber andeutungsweise sagen möchte, ist: Einmal die Vielfalt dieser politischen Diskursarten vorausgesetzt, ist es eine wesentliche philosophische Aufgabe, den Primat, den die Ästhetik in einer fast zweitausendjährigen Tradition hat behaupten können, zu brechen. Wir verdanken Walter Benjamin eine besonders beunruhigende, die Situation unüberbietbar charakterisierende Formulierung, wenn er davon spricht, dass der Faschismus die vollständige Ästhetisierung der Politik ist.[266] Wir haben also Anlass, das Politische eher von einer Beunruhigung her auf eine Aufforderung hin zu denken, auf die Aufforderung hin, das Gute zu tun, d.h. auf etwas hin, das eher dem Kant der zweiten *Kritik* oder Lévinas zuzuordnen wäre. Das würde uns zumindest erlauben – was vielleicht auch nicht viel weiterführen würde, aber das weiß ich nicht – zu vermeiden, dass wir über Politik in Termini von Fiktionierung und Formgebung reden.

Frage 6: In *Au Juste* erklären Sie, dass Sie die libidinal-figurative Philosophie von *Discours, figure* und im Besonderen das Konzept der Intensitäten, wie wir es aus der *Economie libidinale* kennen, einer Revision unterzogen haben, »weil es das Problem der Ungerechtigkeit gibt«[267]. *Le Différend* ist das umfangreichste Ergebnis dieser Revision. Worin besteht das zitierte Problem und inwiefern wird *Le Différend* ihm gerecht?

Lyotard: Das ist eine ziemlich einfache Frage. In der *Economie libidinale* hatte ich mir zum Ziel gesetzt, die Orientierung an der Dichotomie gut/böse zugunsten des Konzepts der Intensitäten aufzugeben. Das einzige Kriterium, das ich verwenden wollte, war das *Ereignis*. Dieses kann aber selbst kein Kriterium sein, weil es nicht aufhört, sich zu entziehen, weil es nie da ist. Übersetzt in Termini einer Philosophie des Triebes oder der Energie (ich ziehe selbst Energetica vor), hieß das Ereignis *Intensität*.

Die wenigen Leser der *Economie libidinale* (Sie wissen, dass das Buch sehr schlecht rezipiert wurde) haben sich sehr entrüstet über meine Ideen. Das Buch war bösen Verdächtigungen ausgesetzt. Die Leser blieben unempfindlich für die Verzweiflung, die aus diesem Buch spricht und die mir deutlich wird, wenn ich es wieder lese (es ist nicht meine Gewohnheit, meine Bücher wieder zu lesen, aber ich bin gezwungen, es zu tun, wenn man mir sehr präzise Fragen dazu stellt, wie kürzlich in den USA David Carroll). Die *Economie libidinale* ist ein verzweifeltes Buch. Man kann es nur verstehen und ertragen auf dem Hintergrund der Krise, die ich damals durchgemacht habe (es war allerdings nicht nur meine Krise – das wäre für die Öffentlichkeit belanglos). Es war eine Krise, die mit dem Ende aller Versuche, die Politik moralischen Kriterien zu unterwerfen, verknüpft war. Das war das marxistische Programm.

Die Gründe für *La Condition postmoderne*, für das, was dort als die Krise oder das Ende der großen Erzählungen thematisiert wurde, haben sich schon in *Discours, figure* nachweisen lassen. Sie haben das offenbar bemerkt, als Sie diesem Buch etwas Nostalgisches bescheinigten. In der *Economie libidinale* habe ich versucht, dieses Thema unter dem greifbaren Einfluss Nietzsches und teils Freuds affirmativ zu artikulieren. Diese Perspektive hat mich seitdem, mutatis mutandis, an Diderots *Rameaus Neffe* erinnert. Es ist sicher, dass es keinen Rationalismus gibt (nicht einmal in dem Sinn, in dem Jürgen Habermas davon spricht), der nicht durch dieses fürchterliche Moment des Nihilismus oder des völligen Skeptizismus hindurchmuss. Die *Economie libidinale* ist für mich dieses Moment gewesen – oder besser: Schon die Rückkehr von diesem Moment, weil ich glaubte, es hinter mir gelassen und mich davon befreit zu haben. Aber es war da – auf einer Stufe der historisch-sozialen, vielleicht sogar ontologischen Entwicklung.

Le Différend ist ein Buch, das die Defizite der *Economie libidinale* ausgleicht, es ist ein Versuch, dasselbe zu sagen, ohne solche wichtigen Probleme wie die Frage nach der Gerechtigkeit wegzuschieben. Auf der einen Seite versuche ich in *Le Différend* (im Kapitel »L'obligation«), der Gerechtigkeit in der Gestalt der Ethik zu ihrem Recht zu verhelfen. Auf der anderen Seite möchte ich sagen, dass das ganze Buch dieses Thema in einer Weise aufnimmt, in der das bereits *Au juste* zwar global, aber nicht falsch, zugegebenermaßen aber aporetisch, gemacht hatte. In *Le Différend* wird gesagt, dass das Unrecht unvermeidbar ist, das der Möglichkeit, jeden Satz, jedes Ereignis mit anderen Sätzen zu verketten, angetan wird – denn zu einer bestimmten Zeit kann es nur einen einzigen Satz geben. Das heißt, dass alle anderen möglichen Sätze in dem Moment ausgeschlossen und nicht aktualisiert sind. Trotzdem aber macht sich gleichzeitig eine Forderung geltend, die nicht im strikten Sinne moralisch genannt werden kann (ich glaube, die moralische Forderung im Kapitel »L'obligation« abgehandelt zu haben, während ich jetzt vom Buch im Ganzen spreche), die Forderung nämlich, dass nach Möglichkeit das *Ereignet es sich?* respektiert werde. Dieses ist das Ereignis, das *quod*, bevor es bezeichnet wurde, bevor seine »Bedeutungen«, sein *quid*, festgelegt wurden oder auch nur festlegbar wären. Denn die Festlegung ist nun nichts anderes als die Verkettung, die an dem Ereignis verübt wird.

Was eine Politik der Gerechtigkeit anlangt, werden Sie mir entgegnen, dass die politische Philosophie, wenn sie festgelegt wird auf das Interesse am Ereignis, nahezu auf eine ontologische Einstellung reduziert wird, weil es sich einfach darum handelt, das »Ereignet es sich?« zu respektieren oder darauf zu hören. Darauf antworte ich, dass es nicht so einfach ist. Ich möchte dazu mindestens zweierlei bemerken. Erstens ist es wahrscheinlich, dass es heute und in absehbarer Zeit für uns als Philosophen und sofern wir mit der Politik zu tun haben (das haben wir unvermeidlich) unmöglich ist, öffentlich zu sagen, was getan werden muss. Dieses Thema habe ich im Besonderen in *Tombeau de l'intellectuel* aufgegriffen. Dieses Buch will keineswegs, wie Maurice Blanchot hat glauben machen wollen, sagen, dass der Intellektuelle tot ist und beerdigt werden sollte. Der Terminus *tombeau* verweist im Französischen auch auf eine literarische und musikalische Gattung, eine Art von Gedenkzeichen. Das Grabmal des Intellektuellen ist auch das Eingedenken der Intellektuellen. Wir sind im Eingedenken. Das heißt nicht, dass es keine Intellektuellen mehr gibt, sondern dass die heutigen Intellektuellen, die Philosophen, sofern sie mit der Politik oder mit den Fragen der Gesellschaft zu tun haben, keine so manifestierten und eindeutigen Positionen beziehen können. Sie können nicht mehr, wie es z.B. Zola oder Sartre tun konnten, im Namen einer nicht hinterfragbaren Universalität reden. Sartre ist ein Grenzfall, weil deutlich ist, dass er sich geirrt hat in der Frage, welche Positionen verteidigt werden sollten.

Aber warum können die Intellektuellen heute keine so eindeutige Position beziehen? Die Antwort lautet, dass der moderne Intellektuelle ein Produkt der Aufklärung war und dass alle Intellektuellen, welcher Prägung auch immer (mit Ausnahme natürlich der Nazis), ihre eigene Legitimität und die der öffentlichen Rede, mit deren Hilfe sie das Gute vorgaben und sich zu dessen Sachwalter machten, aus der großen Erzählung der Emanzipation schöpften. Man konnte unterschiedlicher Meinung sein über die Frage, wie die Emanzipation vorangetrieben werden sollte, aber was alle Intellektuellen immer gemeinsam hatten, war die Autorität, über Emanzipation zu reden. Diese war begründet in der allgemeinen Idee einer Geschichte, die sich auf ihr »natürliches« Telos hin entwickelt – und das war die Emanzipation der Menschheit aus Armut, Unwissenheit, von Vorurteilen und vom Fehlen des guten Geschmacks. Aber wir haben keinen Rückhalt für diese großen emanzipatorischen Erzählungen. Wir haben nur noch ein Minimum an Sicherheiten, und dieses Minimum nenne ich die Politik des Widerstands.

Aber was ist Widerstand? Und was sind die Ansatzpunkte für Widerstand? Einerseits sind das die Punkte, die ich vorhin erwähnte, als ich vom Respekt vor den Menschenrechten sprach, d.h. vom Schutz der elementaren Freiheiten (da haben wir die Pflicht einzugreifen, wenn sie gefährdet sind). Andererseits gibt es einen Widerstand, der vielleicht versteckter und spezifischer ist sowie übrigens auch angemessener angesichts des heutigen Zustands der Politik, die auch das Kulturelle miteinschließt. Ich rede vom Widerstand im Schreiben und durch das Schreiben, wie wir vorhin davon gesprochen haben: Als ein Einschreiben, das sich sorgt um das Nichteinschreibbare. Das Eigentümliche der Politik heute ist, sofern sie ein kultureller Faktor geworden ist (und, vergessen wir es nicht, denn es wird darüber nur geschwiegen, sofern sie ganz einfach Kapital ist), dass sie den Widerstand des Einschreibens gegen das schon Gedachte, das schon Gemachte, gegen alles, was gedacht, was gut gedacht, was bekannt ist, was erkennbar ist, was »lesbar« ist, zunichtemacht; den Widerstand gegen alles, was ausgetauscht werden kann, was durch die öffentliche Meinung akzeptiert werden kann. Diese arbeitet, wie Sie wissen, immer mit dem schon Erworbenen, das als solches schon vergessen ist; mit dem, was der Anamnese keinen Raum gibt, mit dem, was als Vorurteil existiert. Die »Kultur« als »Aktivität« und »Animation« besteht darin, all dieses in die Ordnung der Schrift im weitesten Sinne, in die Literatur, in die Malerei, in die Architektur usw. einzubringen, und zwar zumeist unter dem Namen »Postmoderne«.

Da müssen wir, glaube ich, Widerstand leisten. Ich habe in *Le Postmoderne expliqué aux enfants* ein Beispiel angeführt, das auch Claude Lefort behandelt hat und das mir sehr wichtig zu sein scheint. Es ist das Winstons in Orwells *1984*.[268] Dort wird gezeigt, dass der Widerstand im Schreiben eines Tagebuchs besteht und dass dieses Schreiben Winston die Anamnese aufzwingt. Das ist für mich ein Modell. Ich kann auch alle Künstler und Schriftsteller nehmen, die ich schätze, weil sie alle – jeder auf seine Art – Beispiele für Widerstand sind. Mag sein, dass sie einem größeren Publikum unbekannt sind; das tut nichts zur Sache, denn sie sind für diesen Widerstand nicht der Gemeinschaft, sondern nur dem Denken Rechenschaft schuldig. Ob die Gemeinschaft erst in einem Jahrhundert oder schon im nächsten halben Jahr herausfindet, dass das, was sie getan haben, notwendig war, ist eine andere Frage. Die ihre lautet: Was soll man schreiben, malen usw., hier und jetzt, in der Verantwortung gegenüber der Frage: Was ist Schreiben, Malen?

Frage 7: *La Traversée de l'Atlantique*, ein Sonderheft der Zeitschrift *Critique* (Nr. 456, 1985), enthält Texte von Ihnen und von Richard Rorty sowie eine Diskussion zwischen Ihnen beiden.[269] Trotz tiefgehender Meinungsunterschiede, die Sie feststellen, scheint es, dass Sie seine Thesen nicht ganz ablehnen, zumal Sie seinen Beitrag als »exzellent« bezeichnen.

Wir haben trotzdem den Eindruck, dass die Kluft zwischen den Schlussfolgerungen, die Rorty aus dem »Ende der Philosophie« zieht, und den Ihrigen unüberbrückbar ist [Vgl. Kap. 10 in diesem Band]. Er meint, dass man die Philosophie aufgeben kann und sollte, was genau darauf hinausläuft, dass man sich von der Quelle trennt, der Sie die Treue halten: dem Fragen. Fragen danach, was sein kann und wird, Fragen nach allem, Fragen nach der Frage. Sie setzen die Philosophie, wie es uns scheint, auf eine radikale Weise fort. Darauf weist auch Ihr Gespräch mit Jacques Derrida hin, das unter dem Titel *Plaidoyer pour la métaphysique* erschien.[270] Würden Sie aus der dortigen Perspektive die Vorschläge Rortys immer noch exzellent nennen? Das heißt, würden Sie seinen Standpunkt akzeptieren, der das nordamerikanische, bürgerliche Wertesystem durchweg unhinterfragt übernimmt, aufgrund dessen Rorty ja mit Ihrer Ablehnung der Idee der Emanzipation nicht einverstanden ist?[271]

Lyotard: Sie beziehen sich auf die Unterredung, die wir vor zweieinhalb Jahren in der Johns-Hopkins-Universität in Baltimore geführt haben. Sie sagen, dass ich außerordentlich freundlich war, die Darlegung Richard Rortys exzellent zu nennen, denn Sie haben das Gefühl, dass es einen unüberbrückbaren Gegensatz zwischen seiner Position und der meinigen gibt. Ich habe seinen Beitrag exzellent genannt, weil er ausgezeichnet die von ihm vertretenen Thesen erläuterte. Diese Anerkennung schuldet man einem Gesprächspartner, auch wenn er ein Gegner ist; man muss anerkennen, dass er alles tut, um sich verständlich zu machen. Und das war hier der Fall – ich sehe dabei noch ganz ab von der Sympathie, die ich für seine Person empfinde.

Der Gegensatz unserer Positionen ist tatsächlich radikal; da sind wir uns völlig einig. Um Ihre Einschätzung zu untermauern, zitieren Sie den Titel des Textes, der in *Le Monde* abgedruckt wurde: *Plaidoyer pour la métaphysique*.[272] Dieser Titel stammt von der Redaktion. Ich hätte ihn nicht gewählt. Ich glaube überhaupt nicht, dass es an der Zeit ist, »zur Metaphysik zurückzukehren«, wie einige meiner jüngeren französischen Kollegen nahelegen. Ich hätte den Titel »Plädoyer für die Philosophie« vorgezogen, weil niemand genau weiß, was dieses wunderbare Wort Philosophie heißt – es sei denn, man versteht darunter eine Art von Diskurs, der sein Regelsystem sucht; der infolgedessen nicht weiß, was er sagt und der also keine Regel hat, um sicherzustellen, dass es so ist, wie es gesagt wurde oder wie es gesagt werden soll.

Kommen wir zurück auf meine Beziehung zu Richard Rorty. Rorty verfügt über eine kräftige Rhetorik, ich würde sogar sagen: Sophistik. Er sagt: Bitte, lasst uns doch jede Art von Begründung aufgeben. Die hat keinen Wert, denn sie ist unentscheidbar. Es ist nur eines entscheidbar, und das ist die Frage, ob wir zusammen reden oder nicht. Die Konversation wird der endgültige Retter. »End-gültig«, weil es so minimal ist, dass sie völlig inhaltsleer ist. Es geht nicht einmal mehr darum, den Dialog zu eröffnen, an einer Hermeneutik festzuhalten, in dem ausgezeichneten Sinn, in dem Paul Ricœur, Gadamer oder Martin Buber das tun.

Rorty bezieht sich bloß auf die Tatsache, *dass* wir reden. Es handelt sich also um einen pragmatischen Minimalismus, der sich rühmen kann, die wesentliche Erbschaft der Aufklärung und damit der pragmatischen Demokratie angetreten zu haben. Er fordert, dass man – statt den Anderen zu ermorden oder ins Gefängnis zu sperren, ihn wie auch immer zu beseitigen oder mit welchen Mitteln auch immer ihn auszuschließen – ihm zuhört, mit ihm spricht, ihn so als Gesprächspartner konstituiert. Die These Rortys, die des generalisierten Gesprächs, kann zurückgreifen auf einen Rationalismus, von dem ich nicht, wie Sie es etwas vorschnell machen, sagen würde, dass er bürgerlich-nordamerikanisch ist, sondern dass er zwar nicht blutleer, aber sich doch dessen bewusst ist, dass die Inhalte immer umstritten sind. Dass sie es aber sind, darf nicht in Frage gestellt werden, so wenig wie die These, dass die Diskussion unter allen Umständen möglich sein sollte. Genau in diesem Punkt liegt auch die Kontroverse zwischen Rorty einerseits und Karl-Otto Apel oder sogar Habermas andererseits.

Das einzige echte Problem ist, dass Diskussion möglich sein sollte. Es geht nicht darum, irgendwo an den Wurzeln oder Quellen eine Grundlage zu suchen, sondern darum, was man in Bezug auf die Zukunft, die keine andere sein kann als die Zukunft des Gesprächs, sagt. Jedes Gespräch, sogar dann, wenn es auf den größtmöglichen Dissens hinausläuft (was der Fall war in meiner öffentlichen Diskussion mit Rorty in Baltimore), zeigt trotzdem, dass die Aufgabe des Gesprächs andauert: Das nenne ich die Sophistik Rortys. Sogar dann, wenn wir nicht übereinstimmen, gibt es eine Übereinstimmung, nämlich über die Notwendigkeit, weiter zu reden, »zu reden mit ...«. Es gibt ein pragmatisches *Mit-Sein* [i.O.dt.], das in den Augen Rortys das einzig Wichtige ist, was gerettet werden muss; denn alle Versuche, einen semantischen Konsens zu erreichen, sind dazu verurteilt, zu scheitern oder sich diesem pragmatischen Mitsein zu unterwerfen. Dieses nennt er Solidarität. Das kann man wohl eine starke These nennen. Es ist auch eine imperialistische These, wie ich ihm entgegengehalten habe. Das Konzept einer Verständigung, eines Wesens der Konversation, des Übergangs oder der Zirkulation des Wortes von der ersten Person zur zweiten, vom Ich zum Du und vom Du zum Ich, garantiert erstens nicht, dass Ich und Du ein Wir bilden (im Übrigen berührt Rorty mit dem Rätsel des Wir ein großes Problem). Und zweitens, und noch wichtiger, ist es gar nicht sicher, und es scheint mir sogar unwahrscheinlich, dass diese pragmatische Beziehung im Gespräch konstitutiv wäre für alle sprachlichen Beziehungen.

Ich bin bereit, die These zu verteidigen, dass z.B. im Fall einer ethischen Verpflichtung Verständigung keine Rolle spielt. Wenn ich sehe, wie Kant oder Lévinas die Pflicht analysieren, dann fällt mir gerade auf, dass derjenige, der in die Pflicht genommen wird, eine Beziehung zum Gesetz hat, die ihn nicht zunächst zu einem Ich, sondern zu einem Du vor dem Gesetz macht: Tu dieses! Handle! Höre mich! Höre mir zu! (Ich beziehe mich auf diese Termini Kants oder Lévinas', auf die der jüdischen Tradition). Sind die Anderen als Gesprächspartner in meine Beziehung zum Gesetz eingeschlossen? Nein, weder bei Kant noch bei Lévinas. Bei Lévinas nicht, weil die Beziehung die einer Geiselnahme und keineswegs die eines Austauschs ist. Der Andere nimmt mich als Geisel, und insofern ich davon weiß, handelt es sich nicht gerade um Konversation oder Verständigung. Es ist Gewalt. Das Gesetz übt Gewalt aus über das Subjekt. Im Falle Kants kann man sagen, dass die Maxime meines Handelns als gültig für die ganze Menschheit gedacht werden können muss. Das Gesetz befiehlt: Handle so, dass ...; oder: Handle so, dass die Maxime deines Willens das Prinzip einer universellen Gesetzgebung sein könnte, als ob es gültig wäre für alle rationalen, praktischen und endlichen Wesen, wie wir es alle sind. Aber es liegt doch bei mir, in der Einsamkeit meines Ergriffen-Seins durch das Gesetz, zu beurteilen, ob meine Absicht, zu handeln oder zu urteilen (was auf dasselbe hinausläuft) universalisierbar ist.

Nehmen wir den Fall der Kritik des ästhetischen Urteils: Man stellt fest, dass das Urteil, dieses ist schön, ein Einzelurteil ist, sogar dann, wenn darin ein Anspruch auf universelle Geltung, d.h. auf Mitteilbarkeit, enthalten sein sollte. Um das zu begründen, entwickelt Kant das Konzept eines *sensus communis* als transzendentale Idee. Das ästhetische Urteil bildet eine Ausnahme in Bezug auf die Satzung der Konversation. Sogar dann, wenn der Gefallen, den ich an einem Kunstwerk oder an einer Landschaft finde, mich dazu bringt, darüber mit anderen (im Sinne einer empirischen Gemeinschaft) zu diskutieren, ist es nicht weniger wahr, dass das Einverständnis, das ich erzielen kann, nichts zu tun hat mit der Gültigkeit des Urteils, das ich meinem ästhetischen Empfinden verdanke. Denn die Bedingungen für die Gültigkeit dieses Urteils sind transzendentale Bedingungen, und sie sind offenkundig nicht der Zustimmung Dritter unterworfen. Die Mitteilbarkeit und noch stärker die Zusammenstimmung von ästhetischen Empfindungen kann nicht *de facto* in der Empirie und noch weniger mit Hilfe der Konversation konstituiert werden. Hier stößt die Konversation auf die Antinomie der Urteilskraft, die besagt, dass es zwar notwendig ist, eine Universalität zu versprechen, welche Argumentation erzwingt; dass aber gleichzeitig das ästhetische Urteil als ein Urteil, das nicht mit Hilfe von Begriffen zustande kommt, seine Gültigkeit keineswegs einem argumentativen Konsens verdankt. Das heißt natürlich nicht, dass wir nicht reden. Wir werden mit Bestimmtheit reden; aber die Frage ist, ob diese Konversation konstitutiv ist für das ästhetische Urteil, d.h. für den Geschmack.

Wenn Rorty das Prinzip der Konversation an die erste Stelle rückt (und das ist nicht nur bei ihm kein Irrtum oder Versehen, sondern eher eine tiefsitzende Illusion, der er allerdings neuerdings nicht mehr unterliegt), hebt er die pragmatische Beziehung auf eine transzendentale Ebene. Er tut so, als ob die Ich-Du-Beziehung, angezeigt durch die Austauschbarkeit der Positionen der empirischen Personen oder Individuen, eine transzendentale Bedingung der Philosophie, der Geschichte, des Fortschritts und der Aufklärung, also all dessen, was bei ihm auf dem Spiel steht, wäre (und ich schätze all dies keineswegs gering ein). Aber diesen Primat des Pragmatischen zu akzeptieren in der minimalsten Form des Gesprächs, ja sogar in der bescheidensten Gestalt dessen, was er »Solidarität« nennt, heißt schließlich, sich zu billig zu verschaffen, worum es geht.

Obwohl es den Anschein hat, als täte man das Gegenteil, heißt es, dass man nicht wirklich die Frage nach der Existenz des Anderen stellt. Man tut so, als ob das Konzept der Konstitution im phänomenologischen Sinne (sagen wir, um nicht allzu weit auszuholen, in dem Sinne, in dem es durch Husserl in den *Cartesianischen Meditationen* ausgearbeitet ist), nicht ausgerechnet am Problem der Konstitution des Anderen gescheitert sei. Aber es steht fest, dass es gescheitert ist, und wir wissen, warum. Es liegt daran, dass der Andere in seiner empirischen Existenz, in seiner angeblichen Anwesenheit als Gesprächspartner, nicht als etwas Transzendentales auf dem Spiel steht. Was transzendental auf dem Spiel steht, ist das Entweder/Oder; ist entweder das Wahre oder das Falsche, entweder das Gute oder das Böse, entweder das Schöne oder das Nicht-Schöne; aber es ist nicht: entweder der Andere oder der Nicht-Andere.

Ich mache im Vorbeigehen auf etwas Aufregendes aufmerksam, und zwar darauf, dass Kant den Anderen immer mehr oder weniger explizit in Bezug auf die Konstitution des Universellen und also auf das Entweder/Oder anführt (weniger explizit in der ersten *Kritik*, sehr explizit in der zweiten und dritten *Kritik*) – aber immer nur anführt. Er steht selbst nicht auf dem Spiel. Aber Rorty tut so, als ob der Andere das Einzige wäre, was auf dem Spiel steht, denn entweder gibt es Solidarität, oder aber die Philosophie taugt nichts; und weiter gilt: Wenn es Solidarität gibt, dann ist der Andere Gesprächspartner. Außerdem tut er so, als ob die Frage stellen sie beantworten wäre: »Wir« sprechen miteinander. Gerade in dieser Hinsicht sehe ich den größten Unterschied zwischen uns.

Es wäre interessant, meine ich, einmal zu untersuchen, ob es möglich ist, eine Kritik der altruistischen Vernunft zu schreiben. Das wäre etwas, das wichtig wäre; denn was wir zurzeit erleben, sei es in Gestalt der Letztbegründung Apels, sei es in Gestalt des Kommunikationskonzepts von Habermas, sei es in der Gestalt der Nichtbegründung und des konversationellen (pragmatischen) Konzepts bei Rorty, ist schließlich die nicht überprüfte – und ich würde, wenn Sie es mir erlauben, sagen –, ohne Anamnese akzeptierte Hinnahme der Idee des Anderen als konstitutiver Faktor für das, was heute im Denken auf dem Spiel steht. Aber schon geradewegs zu behaupten, dass der Andere auf dem Spiel steht, ist ein Problem, nicht weniger seine »Konstitution« – und dass er das Wichtigste wäre, was auf dem Spiel stünde, bezweifle ich.

Anmerkungen

1 J. Habermas, Untiefen der Rationalitätskritik, in: ders., Die Neue Unübersichtlichkeit. Kleine politische Schriften V, Frankfurt/M. 1985, S. 132-137, hier S. 137. In der dann folgenden Aufzählung solcher Denkanstöße lässt er Lyotard weg; vgl. dazu Kap. 10 in diesem Band.
2 W. Welsch, Die Philosophie der Mehrsprachigkeit, in: Die politische Meinung, 32. Jg. 1987, Nr. 231, S. 63.
3 K. Laermann, Lacancan und Derridada. Über die Frankolatrie in den Geisteswissenschaften, in: Kursbuch 84, 1986, S. 34-44.
4 M. Frank, Was ist Neostrukturalismus? Frankfurt/M. 1984, S. 39.
5 Vgl. dazu Kap. 6 in diesem Band.
6 W. Welsch, Vielheit oder Einheit? In: Philosophisches Jahrbuch, 94. Jg. 1987, S. 135.
7 Lyotard, Der Widerstreit, S. 14.
8 Ich verwende den Begriff »linksradikal« im Sinne des in der sozialwissenschaftlich-emanzipatorischen Geschichtsschreibung üblich gewordenen Fachterminus; vgl. dazu H.-M. Bock, Geschichte des »linken Radikalismus« in Deutschland, Frankfurt/M. 1976.
9 Cornelius Castoriadis (1922-1997), studierte in Athen und schloss sich 1942 einer trotzkistischen Widerstandsgruppe an. Ende 1945 kam er nach Frankreich, brach 1948 mit dem Trotzkismus und gründete zusammen mit Claude Lefort Socialisme ou Barbarie. Seit 1980 war er Directeur d'études (Leiter eines Forschungsprojekts) an der Ecole des hautes études en sciences sociales in Paris (EHESS), einer Elitehochschule für Sozialwissenschaften.
10 Claude Lefort (1924-2010) studierte bei Maurice Merleau-Ponty. Er trennte sich schon 1958 von Socialisme ou Barbarie. Er war Professor an der Ecole des hautes études en sciences sociales.
11 Cornelius Castoriadis, Marxismus und revolutionäre Theorie, in ders., Gesellschaft als imaginäre Institution. Entwurf einer politischen Philosophie, Frankfurt/M. 1984 (zuerst in Socialisme ou Barbarie, H. 36-40, 1946/65).
12 Lyotard, Pierre Souyri – Le marxisme qui n'a pas fini, S. 13.
13 Sprache, Zeit, Arbeit. Gespräch zwischen Jean-François Lyotard und Giairo Daghini, in: Lyotard u.a., Immaterialität und Postmoderne, S. 37.

14 Das teilt J.P. Dubost im Anhang zur Ökonomie des Wunsches (S. 382) mit.
15 Lyotard, Ökonomie des Wunsches, S. 351
16 Ebenda, S. 43.
17 Ebenda, S. 377f.
18 Ebenda, S. 177.
19 Ebenda, S. 5.
20 Man lese dazu Batailles Madame Edwarda und, deutlicher noch, Die Geschichte des Auges (beides in: G. Bataille, Das obszöne Werke, Reinbek 1972 u.ö.). Aus späterer Sicht kritisiert Lyotard Batailles Grundintuition: »Und Bataille irrt in der Tat, wenn er glaubt, die Intensität würde sich proportional zur Zerstückelung des lebendigen Körpers steigern und das Ganze wäre nötig, um weit zu gehen.« (Philosophie und Malerei im Zeitalter ihres Experimentierens, S. 31.)
21 Lyotard, Apathie in der Theorie, S. 50ff.
22 Ebenda, S. 10.
23 Ebenda, S. 11.
24 Ebenda, S. 10.
25 Ders., Das Patchwork der Minderheiten, S. 37ff.
26 Ebenda, S. 66.
27 Ebenda, S. 67.
28 Ebenda, S. 38.
29 Ders., Intensitäten, S. 32.
30 Ders., Le postmoderne expliqué aux enfants, S. 41. Die deutsche Übersetzung (Postmoderne für Kinder, S. 37) wählt deutsche Sprichwörter als Beispiele.
31 PM S. 17 (PM = Das Postmoderne Wissen).
32 PM S. 13.
33 PM S. 56f.
34 PM S. 58.
35 Das marxistische Denken hat Lyotard zufolge zwischen diesen beiden Legitimationserzählungen geschwankt. Der Stalinismus entsprach der Version B, wobei der dialektische Materialismus in etwa die Position des spekulativen Idealismus einnimmt. Der Version A entspricht die Frankfurter Schule.
36 PM S. 116f.
37 PM S. 131.

38 PM S. 135.
39 PM S. 135.
40 PM S. 138.
41 PM S. 158.
42 Lyotard, Grabmal des Intellektuellen, S. 73.
43 PM S. 180.
44 PM S. 184.
45 PM S. 185.
46 PM S. 190.
47 PM S. 191.
48 PM S. 192.
49 PM S. 193.
50 PM S. 127.
51 Das entspricht einem Grundgedanken aus Friedrich Nietzsches Fröhlicher Wissenschaft (Aphorismus 344). Vgl. F. Nietzsche, Sämtliche Werke in 15 Bänden, Bd. 3, Hg. G. Colli/M. Montinari, München 1980, S. 574ff.
52 A. Tarski, Logics, Semantics, Metamathematics, Oxford 1956.
53 PM S. 128.
54 Vgl. dazu D. Wandschneider, Zum Antinomienproblem der Logik, in: Ratio, Bd. 16, 1974, S. 74-91, hier S. 90f.
55 Vgl. W. Kuhlmann, Reflexive Letztbegründung. Untersuchungen zur Transzendentalpragmatik, Freiburg/München 1985; und K. O. Apel, Transformation der Philosophie, Frankfurt/M. 1976. Eine Gesamtdarstellung habe ich vorgelegt in W. Reese-Schäfer, Karl-Otto Apel und die Diskursethik. Eine Einführung, 2. Aufl. Wiesbaden 2017.
56 Vgl. M. Heidegger, Sein und Zeit, 15. Aufl. Tübingen 1984, § 63, S. 315. Auf den Zusammenhang des Letztbegründungsarguments mit dieser Heidegger-Stelle hat mich Dieter Wandschneider aufmerksam gemacht. Auch Lyotards Begriff des »Ereignisses« im Widerstreit geht auf Heidegger zurück. »Heideggerianisch« sind beide Richtungen aber nur insofern, als Heidegger ein unumgänglicher Bestandteil des philosophischen Sprachspiels ist, jedoch nicht im Sinne irgendeiner philosophischen Gefolgschaft.
57 Vgl. W. Kuhlmann, a.a.O., S. 62.
58 Vgl. dazu W. Heisenberg, Das Naturbild der heutigen Physik, Reinbek 1955 u.ö.; ders., Physik und Philosophie, Frankfurt/M. 1968.

59 B. Mandelbrot, zit. nach F. Fricker, Barnard-Medaille für Benoît Mandelbrot, in: Spektrum der Wissenschaft, H. 11, 1985, S. 14.
60 PM S. 168f.
61 PM S. 169.
62 PM S. 172.
63 Lyotard, Immaterialität und Postmoderne, S. 74.
64 Vgl. dazu und zum Folgenden: M. Köhler, »Postmodernismus«: Ein begriffsgeschichtlicher Überblick, in: Amerikastudien 22. Jg. 1977, H. 1, S. 8-17.
65 Der »Klassiker« hierzu ist Charles Jencks, Die Sprache der postmodernen Architektur, 2. Aufl. Stuttgart 1980.
66 C. Jencks, Post-Modern und Spät-Modern. Einige grundlegende Definitionen, in: P. Koslowski u.a. (Hgg.), Moderne oder Postmoderne? Zur Signatur des gegenwärtigen Zeitalters, Weinheim 1986, S. 209ff.
67 Jencks, Ebenda S. 211.
68 Ebenda S. 227.
69 Lyotard, Philosophie und Malerei im Zeitalter ihres Experimentierens, S. 97.
70 Ebenda.
71 Du bon usage du postmoderne, S. 96: »Lyotard raconte en confidence qu'il a lancé le mot ›postmoderne‹ un peu comme une boutade.«
72 Lyotard, Retour au postmoderne. Er schreibt, Postmoderne sei »un mot sans consistance – raison pour laquelle je l'ai choisi –, qui n'a d'autre valeur que celle d'un advertisement. Il sert à signaler que quelque chose est en déclin dans la modernité.«
73 Lyotard, Notizen über die Bedeutung von »post-«, in Postmoderne für Kinder, S. 99-105.
74 Ebenda S. 105.
75 Lyotard, Beantwortung der Frage: Was ist postmodern? S. 140; ders., Postmoderne für Kinder, S. 26.
76 Ebenda, S. 142; Postmoderne für Kinder, S. 31.
77 Lyotard, Immaterialität und Postmoderne, S. 74.
78 Lyotard, Grabmal des Intellektuellen, S. 80-88.
79 Ebenda, S. 80.
80 Ebenda, S. 86.
81 Ebenda, S. 87.
82 Ebenda, S. 85.

83 Vgl. D. Bell, Die nachindustrielle Gesellschaft, Frankfurt/M. 1976 (zuerst als The Coming of Post-Industrial Society, New York 1973); aber auch A. Touraine, Die postindustrielle Gesellschaft, Frankfurt/M. 1972.

84 A. Glucksmann, Die Macht der Dummheit, Stuttgart 1985.

85 Lyotard, Das Grabmal des Intellektuellen, S. 10.

86 Ebenda S. 15.

87 WI S. 299 (WI = Der Widerstreit).

88 Lyotard, Grabmal S. 18.

89 Ebenda, S. 19.

90 Ebenda, S. 18.

91 Lyotard, Au juste, S. 52f.

92 Gespräch mit W. van Reijen und Dick Veermann in diesem Band.

93 Eine Widerstandslinie, in: Lyotard, Grabmal, S. 53-67.

94 C. Bürger, Moderne als Postmoderne: Jean-François Lyotard, in: dies. und P. Bürger (Hgg.), Postmoderne: Alltag, Allegorie und Avantgarde, Frankfurt/M. 1987, S. 122-143.

95 Lyotard, Immaterialität und Postmoderne, S. 100.

96 O. Marquard, Nach der Postmoderne. Bemerkungen über die Futurisierung des Antimodernismus und die Usance Modernität, in P. Koslowski u.a. (Hgg.), Moderne oder Postmoderne? a.a.O. S. 45-59, hier S. 49.

97 Lyotard, Das Erhabene und die Avantgarde, S. 160.

98 Ebenda, S. 153

99 Ebenda.

100 Ebenda, S. 163.

101 K. Marx/F. Engels, Manifest der kommunistischen Partei, in: Marx/Engels Studienausgabe, Bd. 3, Hg. Iring Fetscher, Frankfurt/M. 1966, S. 62.

102 Interview mit G. Raulet, in: Spuren Nr. 17, Nov./Dez. 1986, S. 40.

103 Lyotard, Das Erhabene und die Avantgarde, S. 164.

104 In: Spuren, a.a.O., S. 38. Raulet hatte den Vorwurf erhoben in G. Raulet, Gehemmte Zukunft, Darmstadt/Neuwied 1986, S. 137-139.

105 Lyotard, Immaterialität und Postmoderne, S. 11.

106 Ebenda, S. 102.

107 WI S. 12.

108 WI S. 10.

109 WI S. 131f.
110 L. Wittgenstein, Tractatus Logico-Philosophicus, 7. Aufl. Frankfurt/M. 1969, Satz 5.552, S. 87; WI Aph. 99.
111 WI, Aph. 239.
112 Gespräch mit W. v. Reijen und D. Veermann in diesem Band, S. 158.
113 WI, S. 198.
114 WI, S. 206.
115 I. Kant, Kritik der praktischen Vernunft, Hg. K. Vorländer, Hamburg 1929, S. 56.
116 Kant, Streit der Fakultäten, 2. Abschnitt (»Erneuerte Frage: Ob das menschliche Geschlecht im beständigen Fortschreiben zum Besseren sei?«).
117 Ebenda, § 6.
118 WI, S. 275.
119 Kant, Kritik der Urteilskraft, § 29 (»Allgemeine Anmerkung zur Exposition der ästhetischen reflektierenden Urteile«).
120 WI, S. 275.
121 WI, S. 276.
122 Kant, Kritik der Urteilskraft, § 30, auch § 24. Vgl. WI, S. 276.
123 Kant, Streit der Fakultäten, § 6.
124 Kant, Kritik der Urteilskraft, § 22.
125 WI, S. 278.
126 WI, S. 279.
127 WI Aph. 22.
128 K. Marx, Kritik der Hegelschen Rechtsphilosophie (Einleitung), in: Marx/Engels Studienausgabe, Bd. 1, Hg. Iring Fetscher, Frankfurt/M. 1966, S. 29.
129 M. Foucault, Was ist Aufklärung? in: ders., Dits et Ecrits – Schriften, Vierter Band, Frankfurt/M. 2005, S. 687-707 (deutsche Erstübersetzung in: die tageszeitung, 7.7.1984, S. 10f.
130 Nämlich der ersten Kritik, der Kritik der reinen Vernunft; der zweiten Kritik, der Kritik der praktischen Vernunft; und der dritten Kritik, der Kritik der Urteilskraft.
131 J. Habermas, Zu Foucaults Vorlesung über Kants »Was ist Aufklärung?«, in: die tageszeitung, 7.7.1984, S. 13. Wieder abgedruckt u.d.T.: Mit dem Pfeil ins Herz der Gegenwart. Zu Foucaults Vorlesung über Kants Was ist Aufklärung, in: Habermas, Jürgen: Die Neue Unüber-

sichtlichkeit, Kleine Politische Schriften V, Frankfurt/M. 1985, S. 126-131.

132 WI, S. 230.

133 Ebenda.

134 WI, S. 274

135 WI, S. 250.

136 Vgl. E. Fraenkel, Reformismus und Pluralismus, Hamburg 1973. J. Rawls, Eine Theorie der Gerechtigkeit, Frankfurt/M. 1979.

137 Lyotard, Grabmal des Intellektuellen, S. 54.

138 WI, Aph. 263.

139 WI, S. 28.

140 L. Wittgenstein, Philosophische Untersuchungen, Frankfurt/M. 1971, S. 69.

141 WI, S. 35f.

142 WI, S. 104.

143 WI, S. 107.

144 Lyotard, Grundlagenkrise, S.2.

145 Ebenda, S. 2f.

146 Ebenda, S. 3.

147 Ebenda, S. 4.

148 Dargelegt in: W. Kuhlmann, Reflexive Letztbegründung sowie in W. Reese-Schäfer, Karl-Otto Apel und die Diskursethik. Eine Einführung, 2. Aufl. Wiesbaden 2017, S. 31-54.

149 Kuhlmann, a.a.O. S.73.

150 Lyotard, Grundlagenkrise S. 9.

151 Ebenda.

152 Ebenda, S. 10.

153 Ebenda.

154 Ebenda, S. 11.

155 Ebenda.

156 Ebenda, S. 12.

157 WI, S. 106.

158 Ebenda, S. 107.

159 Lyotard, Grundlagenkrise S. 13.

160 G. Vattimo, Jenseits vom Subjekt, Graz/Wien 1986, S. 103; vgl. M. Heidegger, Identität und Differenz, Pfullingen 1986, S. 43, 59f.

161 G. Vattimo, a.a.O. S. 103f.

162 A. Wellmer, Zur Dialektik von Moderne und Postmoderne. Vernunftkritik nach Adorno, Frankfurt/M. 1985, S. 160.
163 Ebenda, S. 127f.
164 Lyotard, Grundlagenkrise S. 16.
165 Ebenda, S. 17.
166 Ebenda, S. 20.
167 Ebenda, S. 21.
168 Ebenda, S. 13-23.
169 Ebenda, S. 22.
170 Ebenda, S. 23.
171 Ebenda.
172 Vgl. dazu A. Gehlen, Zeit-Bilder. Zur Soziologie und Ästhetik der modernen Malerei, 3. Aufl. Frankfurt/M. 1986.
173 Vgl. dazu Kap. 4 in diesem Band.
174 Lyotard, Grundlagenkrise, S. 24.
175 Ebenda, S. 26f.
176 Ebenda, S. 27.
177 Ebenda, S. 29.
178 Ebenda, S. 30.
179 Ebenda, S. 31.
180 R. Rorty, Le cosmopolitanisme sans émancipation (en réponse à Jean-François Lyotard), in: Critique, Nr. 456, 1986, S. 569-580, hier S. 571 und 577. Eine englische Fassung dieses Textes als R. Rorty, Cosmopolitanism without emancipation: A response to Jean-François Lyotard in: R. Rorty, Objectivity, Relativsm, and Truth. Philosophical Papers Vol. 1, Cambridge 1991, S. 211-222. Vgl. W. Reese-Schäfer, Richard Rorty zur Einführung, Hamburg 2006.
181 Rorty, Le cosmopolitanisme, S. 573.
182 Ebenda, S. 574.
183 Discussion entre Jean-François Lyotard et Richard Rorty, in: Critique, Nr. 456, 1985, S. 581-584, hier S. 584 (Diskussionsbeitrag von Rorty).
184 Ebenda, S. 583 (Diskussionsbeitrag von Lyotard, Übers. WRS).
185 Rorty, Le cosmopolitanisme, S. 580.
186 Ebenda, S. 578.
187 In: J. Habermas, Kleine Politische Schriften (I-IV), Frankfurt/M. 1981, S. 444-464.

188 Ebenda, S. 462-464.
189 Lyotard, Beantwortung der Frage: Was ist postmodern? S. 133; ders. Postmoderne für Kinder, S. 14.
190 J. Habermas, Der philosophische Diskurs der Moderne, Frankfurt/M. 1985.
191 S. Benhabib, Kritik des »postmodernen Wissens« – eine Auseinandersetzung mit Jean-François Lyotard, in: A. Huyssen/K. Scherpe (Hgg.), Postmoderne. Zeichen eines kulturellen Wandels, Reinbek 1986, S. 119.
192 G. Raulet, Gehemmte Zukunft. Zur gegenwärtigen Krise der Emanzipation, a.a.O., S. 180.
193 Interview mit G. Raulet, a.a.O. S. 41.
194 Ebenda, S. 40.
195 Ebenda, S. 41f.
196 E. Angehrn, Krise der Vernunft? Neuere Beiträge zur Diagnose und Kritik der Moderne, in: Philosophische Rundschau, 33. Jg. 1986, S. 161-209, hier S. 200.
197 Wellmer, a.a.O., S. 105.
198 Ebenda.
199 Ebenda, S. 106.
200 Lyotard, Beantwortung der Frage: Was ist postmodern? S. 142; Postmoderne für Kinder, S. 30.
201 Wellmer, a.a.O., S. 109.
202 Lyotard, Die Moderne redigieren, S. 25.
203 Ebenda, S. 5.
204 Ebenda, S. 19.
205 Ebenda, S. 17-20.
206 Ebenda, S. 19.
207 Ebenda, S. 21.
208 Vgl. dazu Christine Pries (Hg.), Das Erhabene, Weinheim 1989; sowie Walter Reese-Schäfer, Vom Erhabenen zum Sublimen ist es nur ein Schritt. Moderne und postmoderne Ästhetik bei Jean-François Lyotard, 2. Aufl. Cuxhaven 1990, S. 169-184.
209 Vgl. in diesem Buch die Kapitel 7 und 8.
210 Shaftesbury, Ein Brief über Enthusiasmus. Die Moralisten, Hamburg 1980.

211 Th. W. Adorno, Ästhetische Theorie, Frankfurt/M. 1973, S. 293; Lyotard, L'inhumain. Causeries sur le temps, S. 10.
212 F. Lyotard/J. Rogozinski, La police de la pensée, in: L'Autre Journal, Nr. 10, Dec. 1985.
213 Lyotard, L'inhumain, S. 15.
214 M. Frank, Die Grenzen der Verständigung, Frankfurt/M. 1988, S. 22.
215 K. O. Apel, Interview, in: F. Rötzer, Denken, das an der Zeit ist. Frankfurt/M. 1987, S. 71; M. Frank, Grenzen, S. 64.
216 Frank, Ebenda S. 63.
217 Ebenda, S. 65.
218 Ebenda, S. 66.
219 Ebenda, S. 73f.
220 Lyotard, Peregrinations. Law, Form, Event, New York 1988, S. 39.
221 Jürg Altwegg, in: FAZ 19.3.1988.
222 Taz, 9.5.1988. Jean Beaufret war der Empfänger von Heideggers Brief über den Humanismus und dessen wohl wichtigster Multiplikator auf französischem Boden.
223 Lyotard, Heidegger und »die Juden«, S. 76.
224 Ebenda, S. 70.
225 Ebenda, S. 71.
226 Ebenda, S. 78.
227 Ebenda, S. 79.
228 Ebenda, S. 12.
229 Ebenda, S. 87.
230 J. Habermas, Heidegger – Werk und Weltanschauung. Einleitung zu: Victor Farias, Heidegger und der Nationalsozialismus, Frankfurt/M. 1989, S. 28 und 32.
231 Ebenda, S. 34.
232 Lyotard, Heidegger und »die Juden«, S. 64f., S. 103.
233 Ebenda, S. 77.
234 Ebenda, S. 78.
235 An dieser Stelle setzt sich Lyotard auseinander mit Jacques Derrida, Vom Geist. Heidegger und die Frage, Frankfurt/M. 1988.
236 Das Originalzitat wurde erst wieder dokumentiert, nachdem es lange ein Gerücht geblieben war, in M. Heidegger, Bremer und Freiburger Vorträge, Gesamtausgabe Bd. 79, Hg. Petra Jäger, Frankfurt/M. 1994, 2. Aufl. 2005, S. 27. Kritisch kommentierend dazu Peter Trawny, Hei-

degger Fragmente. Eine philosophische Biographie, Frankfurt/M. 2018, S. 41f.

237 M. Heidegger, Die Technik und die Kehre, 6. Aufl. Pfullingen 1985, S. 14. Genauso in M. Heidegger, Vorträge und Aufsätze, Gesamtausgabe Bd. 7, Hg. F.-W. von Herrmann, Frankfurt/M. 2000, S. 16.

238 Lyotard, Heidegger und »die Juden«, S. 103.

239 Ebenda, S. 105. Zu Heideggers antisemitischer Grundhaltung der Herausgeber der Schwarzen Hefte, Peter Trawny, Heidegger und der Mythos der jüdischen Weltverschwörung, Frankfurt/M. 2. Aufl. 2014. Die von 2014 bis 2021 vorliegenden Schwarzen Hefte finden sich in den Bänden 94-102 der Heidegger-Gesamtausgabe.

240 Lyotard, Heidegger und »die Juden«, S. 33.

241 Vgl. W. Reese-Schäfer, Diversität, Widerstreit und das Streben nach Kohärenz als politisch-philosophisches Problem, in ders., Deutungen der Gegenwart. Zur Kritik wissenschaftlicher Zeitdiagnostik, Wiesbaden: Springer 2019, S.175-190.

242 Vgl. Lyotard, Judicieux dans le différend, S. 229. Vgl. auch Lyotard, Randbemerkungen zu den Erzählungen, in: Postmoderne für Kinder, S. 32-37. Lyotard, Sendschreiben zu einer allgemeinen Geschichte, in: Postmoderne für Kinder, S. 38-56.

243 Lyotard, Beantwortung der Frage: Was ist postmodern? S. 142; Lyotard, Postmoderne für Kinder, S. 30.

244 Lyotard, Kunst heute, in: Immaterialität und Postmoderne, S. 56.

245 Interview mit G. v. d. Abbeele, in: Diacritics, H. 3, 1984, S. 17.

246 Lyotard, Instructions païennes, S. 36.

247 Lyotard, Discours, figure, S. 18

248 Lyotard, Ökonomie des Wunsches, S. 14.

249 Lyotard, Sensus Communis. Das Subjekt im Entstehen, in: Joseph Vogl (Hg.), Gemeinschaften, Positionen zu einer Philosophie des Politischen, Frankfurt/M. 1994, S. 223-250.

250 In: Artforum, H. 20, 1982, S. 64-69.

251 Kant, Kritik der Urteilskraft, § 57, Anm. 1.

252 Ebenda, § 21.

253 Schärfer kann man sich philosophisch nicht von Heidegger absetzen: Nicht vom Sein reden und keine Ontologie treiben! Natürlich werden die beiden niederländischen Linksheideggerianer W. van Rei-

jen/Veermann in der nächsten Frage an diesem Punkt nachbohren (WRS).

254 Vgl. Lyotard, La faculté de juger, S. 197. Nancy verwendet den Begriff »ontologische Gesundheit« in: Le discours de la syncope Logodaedalus, Paris 1976.

255 Vgl. Sur la théorie. Interview mit B. Devismes, in: Lyotard, Dérive à partir de Marx et Freud, S. 228f.

256 Lyotard, Grundlagenkrise, S. 13.

257 Lyotard, L'Acinema (1973), Dt. in ders., Essays zu einer affirmativen Ästhetik, S. 25-43.

258 In: Artforum, H. 22, 1984, S. 36-43.

259 Lyotard, Judicieux dans le différend, S. 235.

260 Lyotard, L'Enthousiasme, S. 112ff.

261 Kant, Werke, Bd. 6, Hg. Wilhelm Weischedel, Wiesbaden 1957, S. 60.

262 Lyotard, En finir avec l'illusion de la politique, in: La Quinzaine littéraire, 15.5.1972, S. 19.

263 Zu diesen immer wiederkehrenden Themen vgl. Lyotard, Instructions païennes, S. 19; Der Widerstreit, Nr. 257; Judicieux dans le différend, S. 234ff.

264 Heute ist der Band um zwei weitere Texte angereichert erschienen: Philippe Lacoue-Labarthe, Dichtung als Erfahrung. Die Fiktion des Politischen. Musica ficta (Figuren Wagners), Basel 2009.

265 Lyotard, Kunst heute? In: Immaterialität und Postmoderne, Berlin 1985, S. 69.

266 J. L. Nancy, La Communauté desouvrée, Paris 1986.

267 Vgl. W. Benjamin, Das Kunstwerk im Zeitalter seiner technischen Reproduzierbarkeit, in ders., Gesammelte Schriften Bd. I/2, Frankfurt/M. 1972 ff., S. 469.

268 Lyotard, Au juste, S. 171.

269 Lyotard, Eine Widerstandslinie, in: Postmoderne für Kinder, S. 112-125.

270 In: Critique Nr. 456, 1985.

271 Dazu Walter Reese-Schäfer, Richard Rorty zur Einführung, Hamburg 2006

272 In: Le Monde, 28./29.10.1984.

Literaturhinweise

Der Anhang der deutschen Übersetzung des *Widerstreits* enthält eine umfangreiche Bibliographie der französischen Erstveröffentlichungen, der deutschen Übersetzungen und der wichtigsten Sekundärliteratur. Für jede etwas gründlichere Beschäftigung mit Lyotard ist dieser Band empfehlenswert.

Siglenverzeichnis

PM Das postmoderne Wissen
WI Der Widerstreit

Werke von Jean-François Lyotard

Discours, figure, Paris 1971.
Dérive à partir de Marx et Freud, Paris 1973.
Das Patchwork der Minderheiten, Berlin: Merve 1977.
Intensitäten. Berlin: Merve 1978 (Auswahl aus: Des dispositifs pulsionels, Paris 1973, 1980).
Apathie in der Theorie, Berlin: Merve 1979 (aus: Instructions païennes, Paris: Galilée 1977, und aus Rudiments païens, Paris 1977).
Au juste. Conversations (mit Jean-Loup Thébaud), Paris 1979.
Beantwortung der Frage: Was ist postmodern? in: Tumult, 4. Jg. 1982, S. 131-142. Wieder abgedruckt in: Postmoderne für Kinder, Wien: Passagen 1987, S. 11-31.
Streitgespräche oder: Sprechen nach »Auschwitz«, Bremen o.J. [1982] (Die

Hauptgedanken dieses Bändchens sind in WI weiter ausgeführt).
Essays zu einer affirmativen Ästhetik, Berlin: Merve 1982 (weitere Auswahl aus: Des dispositifs pulsionels).
Pierre Souyri – Le marxisme qui n'a pas fini, in: Esprit H. 6, 1982, S. 11-31.
Ökonomie des Wunsches. Economie libidinale, Bremen: Impuls 1984 (zuerst Paris, Editions de Minuit 1974).
Das Erhabene und die Avantgarde, in: Merkur 38. Jg. 1984, S. 151-164.
Grabmal des Intellektuellen, Graz/Wien: Böhlau 1985 (zuerst Paris: Galilée 1984).
Die Mauer des Pazifik. Eine Erzählung, Graz/Wien: Böhlau 1985 (zuerst Paris: Galilée 1979).
Immaterialität und Postmoderne, Berlin: Merve 1985.
Gespräch mit Christian Descamps, in: Peter Engelmann (Hg.), Philosophien, Graz/Wien: Böhlau 1985, S. 115-128.
La Police de la Pensée (mit Jacob Rogozinski), in: L'Autre Journal, Nr. 10, Dec. 1985.
Discussion entre Jean-François Lyotard et Richard Rorty, in: Critique, Nr. 456, 1985, S. 581-584.
Retour au postmoderne, in: Magazine Littéraire, Nr. 225, Dez. 1985.
Judicieux dans le différend, in: J. Derrida u.a., La faculté de juger, Paris 1985, S. 195-236.
Das postmoderne Wissen. Ein Bericht, Graz/Wien: Böhlau 1986; 9. Aufl. 2019 (zuerst Paris: Editions de Minuit 1979).
Philosophie und Malerei im Zeitalter ihres Experimentierens, Berlin: Merve 1986.
Gespräch mit Florian Rötzer, in F. Rötzer (Hg.), Französische Philosophen im Gespräch, München: Boer 1986, S. 101-118.
Grundlagenkrise, in: Neue Hefte für Philosophie, H. 26, 1986, S. 1-33.
Die Transformatoren Duchamp, Stuttgart: Edition Patricia Schwarz 1986, 2. Aufl. 1987 (zuerst Paris: Galilée 1977).
Das Schöne und das Erhabene. Gespräch mit Gérard Raulet, in: Spuren Nr. 17, Nov./Dez. 1986, S. 34-42.
Der Widerstreit, München: Wilhelm Fink 1987; 2. Korr. Aufl. 1989 (zuerst als Le Différend, Paris: Editions de Minuit 1983).
Postmoderne für Kinder. Briefe aus den Jahren 1982-1985, Wien: Böhlau 1987 (zuerst Paris: Galilée 1986).
Über Daniel Buren, Stuttgart: Patricia Schwarz 1987.

Der Name und die Ausnahme, in: Manfred Frank u.a. (Hgg.), Die Frage nach dem Subjekt, Frankfurt/M.: Suhrkamp 1987.
Du bon usage du postmoderne, in: Magazine Littéraire, Nr. 239/40, März 1987.
Der Enthusiasmus, Wien: Böhlau 1988 (zuerst Paris, Galilée 1986).
Heidegger und »die Juden«, Wien: Böhlau 1988.
Die Moderne redigieren, Bern 1988; auch abgedruckt in: Wolfgang Welsch (Hg.), Wege aus der Moderne. Schlüsseltexte der Postmoderne-Diskussion, Weinheim 1988, S. 204-214.
Streifzüge. Gesetz, Form, Ereignis, Wien 1989 (engl.: Peregrinations. Law, Form, Event, New York 1988).
Das Inhumane. Plaudereien über die Zeit, Wien: Passagen 1989, 5. Aufl. 2019.
Die Mauer, der Golf und die Sonne. Eine Fabel, Wien: Passagen 1989.
Die Phänomenologie, Hamburg: Junius 1993 (zuerst als La Phénoménologie, Paris 1954).
Postmoderne Moralitäten, Hg. v. Peter Engelmann, Wien: Passagen 1998 (Moralités postmodernes, Paris 1993).
Die Analytik des Erhabenen. Kant-Lektionen, München: Fink 1994.
Sensus Communis. Das Subjekt im Entstehen, in: Joseph Vogl (Hg.), Gemeinschaften. Positionen zu einer Philosophie des Politischen, Frankfurt/M.: Suhrkamp 1994, S. 223-250.
Kindheitslektüren, Hg. v. Peter Engelmann, Wien: Passagen 1995.
Karel Appel: Ein Farbgestus. Bern – Berlin: Gachnang & Springer 1998.
Der schalltote Raum, Hg. v. Peter Engelmann, Wien Passagen 2001.
Gezeichnet: Malraux, München 2001 (zuerst als: Signé: Malraux, Paris: Grasset 1996).
Das Elend der Philosophie, Hg. v. Peter Engelmann, Wien: Passagen 2004.
Die Logik, die wir brauchen. Nietzsche und die Sophisten, Bonn: Denkmal 2004.
Politik des Urteils (mit Jean-Loup Thébaud), übers. von Esther von der Osten, Zürich: Diaphanes 2011.
Wozu philosophieren? Zürich Diaphanes, 2013.

Weiterführende Literatur

Bürger, Christa: Moderne als Postmoderne. Jean-François Lyotard, in: dies. und Peter Bürger (Hgg.), Postmoderne: Alltag, Allegorie und Avantgarde, Frankfurt/M. 1987, S. 122-143.

Derrida, Jacques: Préjugés. Vor dem Gesetz, Wien 1992.

Ferry, Luc und Renaut, Alain: Antihumanistisches Denken. Gegen die französischen Meisterphilosophen, München und Wien 1987.

Frank, Manfred: Die Grenzen der Verständigung. Ein Geistergespräch zwischen Lyotard und Habermas, Frankfurt/M. 1988, 3. Aufl. 2015.

Habermas, Jürgen: Die Moderne – ein unvollendetes Projekt, in ders., Kleine Politische Schriften I-IV, Frankfurt/M. 10991, S. 444-464.

Honneth, Axel: Der Affekt gegen das Allgemeine. Zu Lyotards Konzeption der Postmoderne, in: Merkur 38. Jg. 1984, S. 893-903.

Jencks, Charles: Die Sprache der postmodernen Architektur. Entstehung und Entwicklung einer alternativen Tradition, München 1992.

Jencks, Charles: Post-Modern und Spät-Modern. Einige grundlegende Definitionen, in: Peter Koslowski u.a.(Hg.), Moderne oder Postmoderne. Zur Signatur des gegenwärtigen Zeitalters, Weinheim 1986, S. 205-235.

Kogler, Susanne: Adorno versus Lyotard. Moderne und postmoderne Ästhetik, Freiburg 2014.

Pries, Christine und Welsch, Wolfgang: Ästhetik im Widerstreit: Interventionen zum Werk von Jean-François Lyotard, Weinheim 2015.

Reese-Schäfer, Walter: Adorno – Lehrer Lyotards, in: Reese-Schäfer, W., Ideengeschichte als Provokation, Stuttgart 2019, S. 251-266.

Reese-Schäfer, Walter: Jean-François Lyotard (1924-1998), in: Rüdiger Voigt (Hrsg.), Staatsdenken. Zum Stand der Staatstheorie heute, Baden-Baden 2016, S. 393-397.

Reese-Schäfer, Walter: Jean-François Lyotard. Die Konstruktion der Postmoderne, in: Reese-Schäfer, W., Ideengeschichte als Provokation. Schriften zum politischen Denken, Wiesbaden: Springer Nature 2019, S. 243-251.

Reese-Schäfer, Walter: Lyotard, in: Ansgar Nünning (Hg.), Metzler Lexikon Literatur- und Kulturtheorie: Ansätze – Personen – Grundbegriffe, Stuttgart 1998, S. 334f.

Rorty, Richard: Habermas and Lyotard on Postmodernity, in: Richard J.

Bernstein (Hg.), Habermas and Modernity, Cambridge 1985, S. 161-175.
Rorty, Richard: Le Cosmopolitanisme sans émancipation (en réponse à Jean-François Lyotard), in: Critique Nr. 456, 1985, S. 569-580.
Seiler, Christoph: Die Diskursethik im Spannungsfeld von Systemtheorie und Differenzphilosophie: Habermas, Luhmann, Lyotard, Wiesbaden, 2015.
Wellmer, Albrecht: Zur Dialektik von Moderne und Postmoderne, Frankfurt/M. 1985.
Welsch, Wolfgang und Pries, Christine (Hgg.), Ästhetik im Widerstreit. Interventionen zum Werk von Jean-François Lyotard, Berlin 1991.
Welsch, Wolfgang: Nach welcher Moderne? Klärungsversuche im Feld von Architektur und Philosophie, in: Peter Koslowski u.a. (Hg.), Moderne oder Postmoderne? Zur Signatur des gegenwärtigen Zeitalters, Weinheim 1986, S. 237-257.
Welsch, Wolfgang: Unsere postmoderne Moderne. Weinheim 1987, 5. Aufl. 2018.
Welsch, Wolfgang: Vielheit ohne Einheit? Zum gegenwärtigen Stand der philosophischen Diskussion um die »Postmoderne«, in: Philosophisches Jahrbuch, 94. Jg. 1987, S. 111-141.
Wunderlich, Antonia: Der Philosoph im Museum: Die Ausstellung »Les Immatériaux« von Jean-François Lyotard, Bielefeld 2015.
Zima, Peter V.; Ästhetische Negation: das Subjekt, das Schöne und das Erhabene von Mallarmé und Valéry zu Adorno und Lyotard, 2., durchges. und erw. Aufl., Würzburg 2018.

Zeittafel

1924	Jean-François Lyotard wird am 10. August in Versailles geboren.
1949–59	Tätigkeit als Lehrer, von 1950-52 in Contantine/Algerien. Engagement für die algerische Widerstandsbewegung.
1954	Lyotards erstes Buch: *La Phénoménologie* erscheint.
1954–64	Mitglied der marxistischen Gruppe *Socialisme ou Barbarie* um Cornelius Castoriadis und Claude Lefort.
1959–66	Assistent an der Sorbonne.
1964–66	Mitarbeit bei *Pouvoir ouvrier.*
1966–70	Lehrtätigkeit an der Universität Nanterre.
1970–72	Lehrtätigkeit an der Universität Vincennes.
1971	Doctorat d'état (Habilitation) mit *Discours, figure.*
1972	Berufung als Professor an die Universität Paris VIII (Vincennes in Saint Denis).
1974	*Economie libidinale.*
1979	Das meistgelesene Werk: *La Condition postmoderne* (dt. 1982, 1986, 9. Aufl. 2019
1983	Das Hauptwerk: *Le Différend.*
1984	*Grabmal des Intellektuellen.*
1985	Ausstellung *Les Immatériaux* im Centre Georges Pompidou
1986	*Postmoderne für Kinder.*
1987	Emeritierung, verschiedene Gastprofessuren, besonders in den USA.
1988	*Die Moderne redigieren; L'inhumain; Heidegger und »die Juden«.*
1992	Hauptreferat auf dem Kongress *Die Aktualität des Ästhetischen* in Hannover.
1994	Vortrag *Megalopolis. Die Philosophie am Rande der Stadt* in Hamburg.
1996	*Signé Malraux* (dt. 2001).
1998	Lyotard stirbt am 21. April 1998 in Paris.

Walter Reese-Schäfer ist Professor für Politische Theorie und Ideengeschichte an der Georg-August-Universität Göttingen. Seit 2019 Emeritus. Buchveröffentlichungen u.a.: Luhmann zur Einführung (1999, Neuaufl. 2022), Richard Rorty zur Einführung (2006), Antike politische Philosophie zur Einführung (1998, Neuauflage 2022), Amitai Etzioni zur Einführung (2001), Ideengeschichte als Provokation. Schriften zum politischen Denken (2019); Deutungen der Gegenwart. Zur Kritik wissenschaftlicher Zeitdiagnostik (2019); Grenzgötter der Moral. Der neuere europäisch-amerikanische Diskurs zur politischen Ethik (2012).